읽기
　　다음
기억하기

읽기 다음 기억하기

초판 1쇄 2025년 12월 1일

지은이 은가람

펴낸이 원하나
디자인 정미영
출력·인쇄 금강인쇄(주)

펴낸 곳 하나의책
출판등록 2013년 7월 31일 제251-2013-67호
주소 경기도 남양주시 다산중앙로145번길 15, 신해센트럴타워 II 8층 802-76호
전화 070-7801-0317 팩스 02-6499-3873
전자우편 theonebook@naver.com
블로그 blog.naver.com/theonebook
인스타그램 @theonebook

ISBN 979-11-87600-29-9 03800

ⓒ2025, 은가람

책값은 뒤표지에 있습니다. 잘못된 책은 구입하신 곳에서 바꾸어 드립니다.

읽기 다음 기억하기

은가람 지음

독서모임과
독서노트 완성하는 법

하나의책

들어가는 글

첫 독서모임의 기억

첫 독서모임, 그 문을 두드리던 순간을 기억합니다. 적당한 온도, 적당한 눈 맞춤, 적당한 긴장감이 감돌던 공간을 우리는 진솔하고 친절한 대화들로 꽉 채웠지요. 우연히 알게 된 독서모임이 집과 가까운 곳에 있다는 사실은 큰 축복이었습니다. 그곳을 오고 가며 많은 인연을 만났고 제 인생에 불가피한 분기점도 생겼습니다. 어느덧 칠 년여의 시간이 흘러 사정상 독서모임 공간을 비우게 되던 날, 먼발치에서 한참 지켜보았다지요. 거리를 지나며 창문에 불이 켜져 있는 것만 보아도 괜히 마음 흐뭇해지던 날들이 많았는데 말입니다. 독서모임을 하면서 만난 수많은 감사한 순간, 당황스러운 순간, 크고 작은 실수들이 한꺼번에 생각나서 쉽게 발길을 돌리지 못하였습니다.

지금에야 꾸준한 독서와 독서모임 리더 역할에 제법 익숙해졌다는 생각이 들지만, 저의 첫 모임은 그리 녹록지만은 않았습니다. 분명히 같은 책을 읽었건만 전혀 생각하지 못한 질문들과 재기발랄하면서도 명쾌한 대답들이 오가는 속에서 전 머릿속을 더듬느라 바빴지요. 즐겁기만 했던 독서의 기억은 빠르게 휘발되어 버렸고, 그래서 할 얘기가 없었습니다. 그동안 책을 모셔 가며 읽었던 터라 밑줄과 메모가 가득하고 화려한 색의 3M 플래그가 빼곡히 붙은 책을 보는 것은 충격이었습니다. '이 사람들은 책을 저렇게 읽는구나, 나는 그동안 책을 제대로 읽지 않았구나.' 모임에 나올 용기를 내지 않았다면 여태껏 느껴 보지 못했을 감정입니다. 모임 첫날을 기념하여 장만한 새 노트에는 다른 사람의 말만 잔뜩 적혔습니다. 그도 그럴 것이 모두 생전 처음 듣는 내용 같았거든요.

이것이 저의 첫 독서모임의 기억입니다. 그들의 능수능란함은 저를 황홀하게 했지만 부끄럽게 만들기도 했습니다. 나는 그동안 책을 어떻게 읽어 왔던 것일까. 그들을 따라 열심히 밑줄을 긋고, 플래그를 붙이고, 미리 검색도 하면서 정리해 가니 그래도 처음보다 나았습니다. 하지만 이상하게도 제가 친 밑줄은 모임에서 언급된 내용을 종종 벗어나곤 했습니다. 인터넷 검색이 많은 공부가 되기는 하였지만, 그것은 결국 남의 생각을 빌려 온 것이었으니까요. 제가 중요하다고 생각한 것과 실제로 이야기를 나눈 것들과는 차이가 있었습니다. 저는 무엇을 놓친 걸까요?

독서모임의 목표

독서모임이 거듭될수록 저의 목표는 명확해졌습니다. 잘 읽고 잘 기억하기. 한 권을 읽더라도 제대로 읽을 것, 작가가 나누고자 하는 질문을 되도록 정확히 파악하고 대답할 것, 그들이 내게 알려 준 삶의 비밀들을 내재화할 것. 그러려면 일단 책에 밑줄이나 동그라미를 치는 일쯤이야 넓은 아량으로 받아들여야 합니다.

가장 먼저 작품을 있는 그대로 받아들이는 연습을 하기 시작했습니다. 비록 개츠비가 제 눈에는 지질하기 이를 데 없어도 작가의 말대로 위대하게 보려고 노력했으며, 제 상식으로는 작가의 메시지를 받아들이기 힘들어도 세상에는 다양한 사람과 생각들이 있음을 인정했습니다. 그동안 작품을 제 기준으로 평가했다면, 지금의 저는 작가가 말하는 바를 최대한 정확하게 파악하는 것을 우선으로 합니다. 그런 다음에 '그 생각이 여전히 보편타당하게 옳은가 아니면 시대가 흘러서 더는 설득력이 없는가. 또는 지금의 한국에서도 적용이 되는 얘기인가' 등을 고려하여 작가에게 동의하거나 반대합니다. 작가와 저 사이의 벽에 '이해'라는 작은 강이 흐르게 되었달까요?

그러다 보니 자연스럽게 작가의 입장에서 독자를 바라보게 되었습니다. '내가 작가라면? 나의 의도를 잘 전달하기 위해서 무엇부터 해야 할까. 어떤 사건을 만들고, 인물들을 어떻게 대응하도록 하며, 어떤 배경을 설정해야 이야기가 더욱 효과적으로 전달될 수 있을까.' 저는 마치 이야기 속 단서를 찾아 저만의 가설을 세워 두고 증거를 찾는 셜록이 된 기분이었습니다. 겉보기에는 전혀 다른 이야기를 하는 책들이 시각을 조금만 달리하여 바라보면 어떤 이야기의 또 다른 버전이 되었고, 인물 역시 누군가의 변형이 되는 겁니다.

아! 이 세상 모든 이야기가 사실은 한 이야기 속에서 태어난다고 했던가요. 모든 이야기 속에는 패턴과 상징이 들어 있습니다. 공포 영화에서 주인공 옆 잘난 척을 하는 친구가 가장 먼저 죽는 것처럼 소설 속에도 일정한 흐름의 패턴과 비슷비슷한 인물의 유형들이 존재합니다. 모든 소설이 규칙대로 딱딱 들어맞는 것은 아니지만 규칙에서 살짝 비틀어졌다는 것은 그 소설을 특별하게 만들기 마련이죠. 전 주로 그런 책을 사랑하게 되더라고요.

책을 잘 읽었으니 잘 기억할 차례입니다. 처음에는 책을 읽으며 메모를 왜 해야 하는지도 모르던 제가 기록의 필요성을 깨닫고 좀 더 효율적인 방법이 없을까 고민한 결과물입니다. 요즘에는 필사도 많이 하고, 시중에 판매하는 독서기록장이나 독서기록용 앱도 다양합니다. 이런 작업이 틀림없이 심적인 만족감을 주긴 하지만, 결국은 '기록을 위한 기록'이라는 생각이 들었습니다.

저는 읽었다는 기억을 쌓아 두는 목적이 아니라, 기억을 다시 끄집어내어 제 의견을 정리하는 '기억을 위한 기록'이 필요했거든요. 그러기 위해서는 양식이 간단하여 기록하기가 편하고, 한눈에 직관적으로 내용 파악이 가능해야만 했지요. 또한, 독서모임을 위한 발제를 하는 데에도 도움이 되길 바랐습니다. 그동안 모임을 하며 기록해 두었던 노트들 속에서 필요 없는 것들을 들어내고 공통부분만 남긴 다음, 전체 흐름은 도식화하여 정리하니 눈에 쏙 들어와 좋았습니다. 이 노트법의 가장 큰 특징은 형식을 특정하지 않는다는 것입니다. 소설마다 전개 방식이 다르고, 읽는 사람마다 중요하다고 생각하는 것이 다르니 이 노트법을 응용하여 여러분만의 독서노트를 만들어 보기 바랍니다.

읽은 책의 수가 제법 많아지고 특별한 책들이 늘어나면서 저는 저만의 북 큐레이팅을 해 보기 시작했습니다. 말하는 바가 서로 비슷한 책, 비슷해 보이지만 결론은 서로 다른 책, 한 시대를 울렸던 작가들의 공통된 혹은 상반된 목소리를 담은 책, 세상에 나온 지 백 년이 흘러도 여전히 읽히고 있는 책과 그 맥락을 이어 오고 있는 요즘 책들. 요리조리 묶어 보며 비교해 보는 작업은 독서모임을 차별화하고, 이야기들을 더욱 풍요롭게 만들어 주었습니다. 이 재미를 공유하고 싶어 독서모임 리더를 시작했다 해도 과언이 아닙니다.

세상의 수많은 책을 앞에 두고 '무슨 책을 함께 읽어야 할까?'라는 고민은 모임 리더가 해야 할 가장 중요하고 어려운 작업이라고 생각합니다. 그래서 독서모임용 책을 고르는 방법과 독서모임을 기획하는 방법 및 실제로 모임을 진행하였을 때 반응이 좋았던 도서 목록도 이 책에 담았으니 참고가 되었으면 좋겠습니다.

우리가 책과 이야기들로 꽉 채운 공간은 이제 보드게임을 좋아하는 대학생들의 동아리 장소가 되어 여전히 불을 밝히고 있습니다. 저희는 조만간 새로운 둥지를 틀고 새로운 막을 맞이하겠지요. 저 역시 마찬가지입니다. 아무것도 모르던 초짜 독서가가 열심히만 읽던 열혈 독서가를 넘어 기준과 요령을 적용할 줄 아는 독서모임 리더가 되기까지는 하나의책 대표님, 동료 리더들의 응원과 묵묵히 지켜봐 준 사랑하는 가족들 그리고 무엇보다 함께 읽는 책친구들의 지지가 있었습니다. 이 책이 저의 새로운 막을 여는 수단이자 반드시 통과해야 할 시험대라는 생각이 듭니다. 모두의 마음속에 책을 향한 사랑의 불씨가 있어 그 불을 활활 타오르게 하는 사람으로 오래오래 남길 바랍니다.

2025년 12월

은가람

차례

들어가는 글   4

책 읽는 법: 책을 알아보는 순간을 위해

독서의 균형을 잡기 위한 방법   20

어디에 밑줄을 칠까?: 핵심 키워드를 중심으로 정리하기   24

패턴과 상징: 작품의 표지판과 랜드마크를 찾는 과정   32

이야기의 원형과 상호텍스트성: 모든 책은 하나로 통한다   38

책 읽는 법: 책을 세밀하게 만나기 위해

5W1H : 이야기의 여섯 열쇠

  1. WHO: 인물에서 단서 찾기
    좋은 놈, 나쁜 놈, 이상한 놈 50 / 인물은 집단을 대표한다 54
    인물은 기호다 56 / 화자에 속지 말기 59

  2. WHEN, WHERE: 시간과 공간에서 단서 찾기
    시간적 배경을 읽는 열쇠 63 / 공간적 배경을 읽는 열쇠 66

  3. WHAT, HOW, WHY: 갈등, 방식, 이유에서 단서 찾기
    WHAT: 갈등을 이해하는 열쇠 71
    HOW: 갈등이 어떻게 해소되는가? 75
    WHY: 이야기는 무엇을 위해 쓰였는가? 78

아리아드네의 빨간 실   80

독서노트 만드는 법: '독서 경험'을 기록하기 위해

정리를 돕는 독서노트 구조 잡기   87

책을 내 것으로 만드는 기록의 과정

    1. 선형(목록형)으로 정리 『브람스를 좋아하세요...』   102
    2. 평행형으로 정리 『제5도살장』   106
    3. 피라미드형으로 정리 『부서진 사월』   110
    4. 계층구조형으로 정리 『파친코』   114
    5. 원형으로 정리 『맡겨진 소녀』   118
    6. 중심-주변부형으로 정리 『모래의 여자』   122
    7. 대칭형으로 정리 『위대한 개츠비』   126
    8. 방사형으로 정리 『위대한 개츠비』   130
    9. 벤 다이어그램으로 정리 『달과 6펜스』   132
    10. 키워드 확장형으로 정리 『달콤 쌉싸름한 초콜릿』   136
    11. 자유롭게 정리 『태평양을 막는 제방』   140

제 4 부

독서모임 Q&A

Q1. 독서모임은 어떻게 기획하나요?   151

Q2. 독서모임에서는 어떤 책을 선정해야 할까요?   158

Q3. 발제는 어떻게 하나요?   165

Q4. 진행할 때 주의해야 할 점은 무엇인가요?   169

나오는 글   172

인용 도서 목록   178

부록: 독서노트 만들기   181

책 읽는 법:

제 1 부

책을 알아보는 순간을 위해

오전 업무가 과중했다고 느끼는 날이면 점심 식사를 건너뛰고 회사 근처에 있는 중고 서점에 갑니다. 너덜너덜해진 뇌를 활자로 씻어 내고 싶었던 겁니다. 책 속에는 감정평가, 이익환수, 손해배상 같은 말이 없습니다. 말하자면 숫자로 보는 세상이 아닌 사람의 눈으로 보는 세상이라는 것입니다. 그러다 그날의 감정과 결이 맞닿은 책을 발견하면 그냥 두고 올 수가 없었습니다. 나를 데려가라고, 오늘의 힘든 하루를 내가 위로할 거라고 말하는 사물을 어찌 그냥 모른 척할 수 있겠습니까?

그날도 제 진심을 담은 책을 한 권 들고 회사로 돌아오는 길이었습니다. 마침 동료들과 상사들이 점심을 먹고 돌아오는 시간이었지요. 고요한 엘리베이터 안에서 눈인사를 주고받은 동료가 제 손에 있는 책을 보고 커다란 목소리로 물었습니다. "오- 책! 제목이 뭐야?" 저는 얼른 책 표지를 가린 채 대답을 웃음으로 대신하고 내렸습니다. 그 책이 창피한 것도 아니었고, 책 읽는 제가 부끄러운 것도 아니었습니다. 다만 그들에게 에두아르 르베가 누구이고, 그 책이 어떤 얘기를 하는지는 전혀 중요한 게 아닐 뿐입니다. 제목을 말하는 순간 전 그냥 '그 구역의 힘든 것'이 되고 마는 겁니다. 제가 너무나도 사랑하는 그 책의 제목은 바로 『자살』이었으니까요.

저는 책을 읽고 쓰고 말하는 사람입니다. 업무가 끝나면 책을 읽고, 독서모임 준비를 하고, 독서모임이 끝나면 글을 썼습니다. 처음에는 그저 업무와 육아로 지친 마음을 쉴 데가 필요했습니다. 그냥 그렇게 수많은 취미 중 하나가 되었다가 때가 되면 사라질 줄 알았지요. 하지만 생각보다 이 생활이 오래 지속되었고, 그건 아마도 사람들 때문이라고 생각합니다. 이들을 향한 저의 신뢰와 존경이 켜켜이 쌓여 누구에게도 말하지 못했던 이야기도 서슴없이 말할 수 있게 되었으니까요.

지금에야 '텍스트힙이다, 리터러시의 위기다' 말이 많지만, 여전히 우리는 책을 읽지 않는 나라의 6%에 해당하는 외계인입니다. 외계인은 살기 위해 서로를 이해하고 위로했지요. 책이 제대로 보이기 시작한 건 꽤 많은 독서모임 시간이 쌓이고 난 다음입니다. 한마디로 그냥 저 좋다고 책만 읽어서는 효용감이 없었다는 얘기입니다.

독서모임을 하기 전과 후의 가장 큰 차이가 무엇이냐고 누군가 물었습니다. 한참을 생각하다 "이제야 책의 가치를 좀 알게 된 것 같다."라고 대답했습니다. 어릴 때부터 저에게 책은 언제나 만날 수 있는 친구이자, 세상에 대해 말해 주는 선생님이었고, 현실의 시름을 잊게 해 주는 은신처였습니다. 그래서 독서모임 초창기만 해도 '책이 주는 재미와 위로가 지금도 충분한데, 굳이 머리 아프게 발제문까지 만들면서 책을 읽어야 할까? 바쁜 세상에 책을 읽는 것만으로도 어딘데. 읽으면서 스트레스까지 받아야 하나?' 하는 생각을 했습니다. 하지만 지난 시간을 되돌아보며 글을 쓰고 있는 지금의 저는 분명하게 말할 수 있습니다. 책을 제대로 읽는 것은 생각보다 괜찮은 느낌이란 사실을요.

우리는 스스로 책을 선택한다고 생각하지만, 실은 책이 사람을 선택한다고 생각합니다. 독자란 책을 담는 그릇과 같아서 그릇의 크기에 따라 책의 가치가 정해지는 것은 아닐까요. 분명히 좋은 책을 읽었는데 그 가치를 눈앞에서 놓친다면 무척 아쉬운 일입니다. 책과 사람이 서로를 알아보는 그 순간을 맞이하기 위해 우리는 무엇을 해야 할까요?

독서의 균형을 잡기 위한 방법

- ☐ 책 읽을 시간이 없다.
- ☐ 책을 읽다 어려운 어휘나 복잡한 구문에 당황한다.
- ☐ 국내 소설 혹은 국외 소설만 읽는다.
- ☐ 소설에 등장하는 역사적·문화적 배경을 잘 알지 못한다.
- ☐ 등장인물이 많거나 내용이 복잡하면 너무 힘들다.
- ☐ 인문 책은 잘 읽는데, 소설은 별로 재미가 없다.
- ☐ 책의 내용에 동의하지 못하게 되는 순간 급속하게 흥미가 떨어진다.

"무엇이 독서를 가장 힘들게 하나요?"라는 저의 질문에 '책친구'들이 대답한 것들을 적어 보았습니다. 시간이 없어서 못 읽는다는 호소에서부터 독서법에 대한 진지한 고민까지 다양한 의견들이 있네요. 이러한 어려움의 원인은 무엇이고, 해결책은 무엇인지 함께 이야기 나눈 결과는 다음과 같습니다.

> ☐ 책 읽을 시간이 없다(시간의 문제).
> → 해결) 휴대폰을 다른 곳에 두고 잠들기 전 20분간 책 읽기
> ☐ 책을 읽다 어려운 어휘나 복잡한 구문에 당황한다(어휘력의 문제).
> → 해결) 그때그때 뜻 확인하며 꾸준히 읽기, '/'를 사용하여 의미 단위로 끊어 읽기
> ☐ 국내 소설 혹은 국외 소설만 읽는다(다양성의 문제).
> → 해결) 의식적으로 다양한 국가의 작가를 선택하여 읽기
> ☐ 소설에 등장하는 역사적·문화적 배경을 잘 알지 못한다(배경지식의 문제).
> → 해결) 원전에 해당하는 신화, 동화 등에 대한 지식을 갖추기 위해 다양한 분야의 책 읽기
>
> ☐ 등장인물이 많거나 내용이 복잡하면 너무 힘들다(기억력의 문제).
> ☐ 인문 책은 잘 읽는데, 소설은 별로 재미가 없다(문학적 관습의 문제).
> ☐ 책의 내용에 동의하지 못하게 되는 순간 급속하게 흥미가 떨어진다(융통성의 문제).

위의 네 가지 문제는 해결 방법을 쉽게 찾았습니다. 시간이 걸리더라도 부족한 부분을 천천히 채우면 된다는 데에 다들 동의하였습니다. 하지만 나머지 사항은 약간의 요령이 필요해 보였습니다. 앞으로 이

책에서 주로 다루게 될 내용이기도 합니다.

일단 기억력의 문제를 해결하기 위해서 책을 눈으로만 읽는 것이 아니라, 손과 함께 읽기를 추천합니다. 필기구를 준비하되 지워야 할 수도 있으니 이왕이면 연필이 좋겠습니다. 눈으로 읽으면서는 '어디에 밑줄이나 동그라미를 쳐야 할지, 어디에 플래그를 붙여야 할지'를 생각해야 합니다. 이 작업은 책의 내용 이해와 기억에 상당한 도움이 될 것입니다.

문학적 관습의 문제를 해결하기 위해서는 이른바 '문학적 용법'이라 불리는 것들을 알아 둘 필요가 있습니다. 요령을 익히고 스스로 적용해 보는 작업은 독서력을 성장시키는 방법 중 하나입니다.

마지막으로 융통성의 경우 앞선 두 문제를 해결하면 시각과 관점이 확대되어 절로 해결되기 마련이니 너무 걱정하지 않아도 좋습니다.

『롤리타』의 작가 블라디미르 나보코프는 『나보코프 문학 강의』에서 훌륭한 독자가 갖춰야 할 조건으로 {기억력, 사전, 상상력, 예술적 감각}을 꼽습니다. 저는 이 말을 '모름지기 독자는 책의 내용을 정확히 이해해야 하고, 동시에 상상력을 펼쳐 아름다움 또한 적극적으로 느껴야 한다'라고 해석했습니다. 다시 말해 독자는 '정확한 이해와 적극적인 미적 추구'라는 두 마리 토끼를 다 잡아야 합니다. 우리가 책을 읽을 때 느끼는 어려움은 아마도 이 둘의 조화가 무너져 있기 때문일 겁니다.

저 역시 혼자 읽을 때에는 두 요소 사이의 균형에 대해 전혀 생각하지 못했습니다. 철저하게 '미적 추구'에 치우친 독서를 하고 있었지요. 그래서인지 독서모임을 처음 시작할 때 무척 어려움을 느꼈습니다.

지금부터 소개하는 내용은 이를 극복하기 위해 제가 읽고 생각하고 쓰면서 터득한 방법들입니다. 방법은 마치 정답이 있는 것 같은 인상을 주지만, 그보다는 책 읽기를 보다 의미 있게 하기 위한 수단 정도로 생각해 주시면 좋겠습니다.

그럼 우리의 목표를 '나의 부족한 부분을 보완하여 균형을 잡는 독서력 갖추기'로 설정하고 하나씩 살펴볼까요?

어디에 밑줄을 칠까?
: 핵심 키워드를 중심으로 정리하기

독서모임 초창기에 읽은 책을 가끔 다시 꺼내 봅니다. 예전의 저는 일종의 결벽증이 있어 책을 아무 데나 놓거나 모서리를 접지도 못했어요. 정말 어쩔 수 없을 때는 자를 대고 연필로 반듯이 밑줄을 그었습니다.

그러나 그렇게 줄 친 문장을 다시 읽을 때 든 생각은 대부분 '어쩌라고?'였습니다. 이 문장이 주제를 함축하고 있는가? 아닙니다. 이 문장이 다른 문장보다 뛰어난가? 글쎄입니다. 나는 어쩌자고 이 문장에 밑줄을 그었는가? 그렇게 과거의 저와 화해하지 못하고 결국 지우개로 박박 지워 버리곤 했습니다.

책의 무수한 텍스트 중 어디에 밑줄을 쳐야 하는가는 결국 무엇이 더 중요한가와 관련됩니다. 문학 텍스트는 단순히 문자나 언어로 이루어진 글이 아니라, 작가가 이야기의 주제를 잘 드러내기 위하여 만든 문학적 장치(배경, 인물, 사건 등)를 서술하는 도구입니다. 작가는 그 안에서 인물의 말과 행동을 빌리거나, 이야기 중간에 직접 개입하여 자신의 목소리를 들려줍니다. 이런 문장을 '핵심 문장'이라고 합니다. 작가의 목소리, 즉 작품의 메시지인 핵심 문장을 찾는 것이 '책을 잘 해석하기' 위한 첫 번째 과제입니다.

핵심 문장을 찾기 위해서 저는 우선 책의 시작과 끝, 인물의 독백을 꼼꼼히 읽습니다. 서문과 결말에는 작품의 메시지를 압축한 문장이 등장하기 좋으니까요. 특정 인물의 긴 독백은 작가의 목소리를 직접 들려주는 무대이기도 합니다. 주인공의 태도나 사건이 급격하게 전환된다고 생각하는 부분도 집중해서 읽습니다. 작가는 '인물이나 사건을 변화시킨 원인과 결과'를 다양한 장치를 사용하여 독자에게 반복적으로 설명하고 설득합니다. 그러니 이러한 변화의 원인과 동기를 자세히 살펴보는 일이 핵심 문장 발견에 도움이 될 것입니다.

하지만 핵심 문장이 숨어 있거나, 핵심 문장들이 하나가 아닌 다양한 목소리를 담고 있을 때는 찾기가 쉽지 않습니다. 그럴 때는 그보다 더 작은 단위인 '핵심 키워드'를 먼저 찾고, 다음에 '핵심 구문'을 찾는 방식으로 핵심 문장을 찾았습니다. 핵심 구문은 핵심 키워드를 포함하고, 핵심 문장은 핵심 구문을 포함하기 때문입니다.

> 핵심 키워드 ∈ 핵심 구문 ∈ 핵심 문장
>
> ☐ **핵심 키워드** 반복되어 나타나면서 어떤 대상이나 의미를 가리키는 단어
> ☐ **핵심 구문** 핵심 키워드를 포함하면서 그 의미를 보다 구체적으로 확장한 문구
> ☐ **핵심 문장** 핵심 구문을 서사적으로 구성하여 완결 지은 문장, 가장 주관적이다.

핵심 키워드는 반복해서 나오기 때문에 비교적 쉽게 찾을 수 있습니다. 인물의 대화나 서술에서 계속해서 등장하는 단어가 있다면 핵심 키워드일 확률이 높습니다. 헤르만 헤세의 『데미안』을 예로 들어 볼까요?

작품을 읽다 보면 '세계, 자유의지, 얼굴, 신, 악마, 새, 알' 등의 단어가 반복해서 등장합니다. 저는 우선 눈에 띄는 단어들에 동그라미를 치면서 그 의미를 생각해 봅니다. {알, 세계}처럼 서로 비슷한 것을 연상시키는 것들은 하나로 묶어서 생각하니 편했습니다. 그럼 알 속에 사는 '새'와 세계 속에 사는 '싱클레어'도 자연스럽게 묶입니다. 이렇게 단어들을 묶으면서 '① 각각의 핵심 키워드가 어떤 의미인지, ② 그것들이 서로 어떤 관계에 있는지, ③ 유사한 핵심 키워드들이 의미를 어떻게 강화하는지'를 좀 더 깊이 생각할 수 있었습니다.

> **핵심 키워드가 핵심 구문으로 확장되는 과정**
>
> 세계 —확장→ 어둠과 악의 세계 / 밝은 세계 ≒ 아프락사스 ≒ 데미안
>
> 얼굴 —확장→ 아무리 생각해도 잘 기억이 나지 않는 얼굴
> = 데미안의 얼굴 = 베아트리체의 얼굴 = 에바 부인의 얼굴 ⇒ 싱클레어의 얼굴
>
> 알, 새 —확장→ 알을 깨고 날아오르는 새 = 세계를 깨고 날아오르는 싱클레어

 이야기가 진행되면서 '세계'라는 키워드는 점점 구체적인 모습을 갖춥니다. 크게 '어둠과 악의 세계'와 '밝은 세계'로 나눌 수 있지요. 이것으로 싱클레어의 세계가 둘로 나뉘었다는 것과 그들이 서로 충돌하기도 하고 중첩되기도 한다는 것을 추측할 수 있습니다. 이런 이분법적 이미지는 악마이면서 신이기도 한 '아프락사스'의 언급이나, 친구인지 적인지 모호한 태도를 보이는 '데미안'이라는 인물과도 연결됩니다.

 '얼굴'이라는 핵심 키워드는 '아무리 생각해도 잘 기억이 나지 않는 얼굴'로 구체화됩니다. 이러한 모호성은 '데미안의 얼굴 ⇒ 베아트리체의 얼굴 ⇒ 에바 부인의 얼굴'을 거쳐 반복해서 표현되며, 싱클레어는 결국 이 모두가 자신의 얼굴이었음을 깨닫게 됩니다. 만약 '알을 깨고 날아오르는 새' 같은 핵심 키워드가 포함된 구문을 발견하였다면, 유사

한 이미지들을 각각 대응시켜 보기도 합니다. 그랬더니 '세계를 깨고 날아오르는 싱클레어'라는 그럴듯한 구문을 얻었네요. 이처럼 핵심 키워드가 구체적으로 확장된 것을 '핵심 구문'이라고 부르겠습니다.

위에 등장한 핵심 구문과 키워드를 참고하면 다음의 문장을 만들 수 있습니다.

선과 악의 이분법적 세계 속에서 우리는 필연적으로 극단의 혼돈을 느낄 수밖에 없지만, 자유의지를 가진 자만이 이를 거부하고 투쟁함으로써 이 세계라는 알을 깨고 새로운 세계를 맞이할 수 있을 것이다.

『데미안』에서 핵심 문장을 찾으라면 이렇게 만들어진 문장과 상당히 유사할 겁니다. 실제로 "새는 힘겹게 투쟁하여 알에서 나온다. 알은 세계다. 태어나려는 자는 한 세계를 깨뜨려야 한다. 새는 신에게로 날아간다. 그 신의 이름은 아프락사스다."[1]라든가 "우리 신의 이름은 아프락사스야. 그 신은 신이며 동시에 악마지. 자기 안에 밝은 세계와 어두운 세계를 동시에 지니고 있어. ~ 하지만 자네가 언젠가 흠 없이 정상적인 사람이 되면 이 신은 자네 곁을 떠날 거야."[2] 같은 문장들이 그렇습니다.

동일한 핵심 키워드와 구문을 가지고도 읽는 사람이 어디에 중점을 두느냐에 따라 의미가 조금씩 달라질 수 있습니다. 그렇다면 내가 밑줄 친 많은 문장 중에 어느 것이 작가의 메시지에 더 가까울까요? 작가의 의도와 다른 해석은 아무 의미가 없는 걸까요?

이런 고민을 하며 『데미안』을 후루룩 넘기다가 예전에 제가 밑줄 친 문장을 하나 적어 봅니다. "새로 태어나기 위하여. 거대한 새가 힘겹게 투쟁하여 알에서 나오고 있었다. 알은 세계이고 세계는 부서져야 했다."[3] '세계가 부서져야 했다'라는 부분에 물결 표시를 한 것을 보니 이때의 저는 제 주위를 둘러싼 세계가 몹시 마음에 들지 않았었나 봅니다. 지금 다시 읽으면 또 어느 문장에 밑줄을 긋게 될지 모르겠어요.

이렇게 핵심 문장은 독자의 현재 상황과 만나 여러 가지 모습으로 나타납니다. 나와 당신의 경험이 같지 않으니, 선택한 문장도 같을 수 없고, 책을 읽은 느낌도 같을 수 없습니다. 그러니 지금의 내가 생각하는 핵심 문장이 작품의 주제와 다소 거리가 있다 해도, 그 문장의 의미를 충분히 숙고하였다면 그것대로 충분히 좋다고 생각합니다.

핵심 문장은 작가의 목소리로 직접 들려주기도 합니다. 베른하르트 슐링크의 『책 읽어주는 남자』는 제2차 세계대전 이후 세대 갈등과 속죄에 대하여 생각할 수 있는 좋은 책입니다. 이 책에서 작가는 서술자인 주인공의 입을 빌려 작품 곳곳에서 긴 독백을 하고 있습니다.

성인이 된 주인공 마이클이 연인에서 피해자로, 나중에는 관찰자로 위치가 바뀌면서 계속해서 한나에 대해 말하는데요. 주인공의 입장이 계속해서 바뀌기 때문에 핵심 문장 역시 다양하게 찾아볼 수 있습니다. 이 책으로 독서모임을 할 때마다 풍부한 이야기가 나오는 이유가 바로 이것 때문일 것입니다. 하지만 아직까지 저는 다음을 뛰어넘을 핵심 문장을 발견하지 못했는데요.

"한나에 대한 사랑 때문에 겪은 나의 고통이 어느 면에서는 나의 세대의 운명이고 독일의 운명이라는 사실, 그리고 그 때문에 나는 다른 사람들보다 그 운명에서 더욱 빠져나오기 힘들고 또한 다른 사람들보다 슬쩍 넘어가기도 힘든 것."[4]

그러나 회원님들은 저마다 다른 의견을 갖고 있어서 그다지 동의는 얻지 못했답니다.

여러분의 핵심 문장은 무언가요? 왜 그 문장이 특별히 와닿았나요? 같은 책을 읽은 다른 사람들의 핵심 문장이 궁금한가요? 그렇다면 그 사람은 왜 그 문장을 좋아하게 되었다고 말하나요? 다른 사람들의 이야기를 들으니 내 생각에 변화가 생겼나요? 다른 사람들을 좀 더 이해하게 되었나요? 독서모임에는 바로 이런 이야기와 변화를 나누는 재미가 숨어 있습니다.

> 📖
>
> - **핵심 키워드 확장의 과정을 관찰하기 좋은 책**: 라우라 에스키벨의 『달콤 쌉싸름한 초콜릿』
>
> '담요'라는 키워드가 '성냥 반죽'을 거쳐 '불꽃'까지 확장된 결과를 확인해 보세요. 이 키워드들 사이의 공통점은 무엇이고, 그 의미는 무엇일까요? 이 과정을 통해 주인공 티타의 결정과 이야기의 결말을 잘 이해할 수 있습니다.

패턴과 상징
: 작품의 표지판과 랜드마크를 찾는 과정

지금이야 구글 앱을 이용하여 손쉽게 목적지를 찾지만, 해외에서 핸드폰 사용이 자유롭지 않았던 시절에 여행 지도는 필수품이었습니다. 거기에 필수 관광 코스나 맛있는 음식점 등의 정보를 빼곡하게 채워 놓은 가이드북이 있으면 그렇게 든든할 수가 없었지요. 하지만 지도만 보고 다니면 눈앞의 멋진 광경들을 놓치기 쉽습니다. 그래서 지도에서 목적지까지의 경로를 미리 탐색하는 것이 중요합니다.

유난히 지도를 잘 보는 친구가 있었습니다. '지도를 외운 것도 아닌데, 어쩜 분기점마다 한 번을 고민하지 않고 척척 길을 잘 찾을까?' 가만 보니 그 친구는 복잡한 경로를 표지판이나 랜드마크를 이용해 기억하더라고요. '5분 정도 가다가 사거리가 나오면 ○○로 쪽으로 길 건너기'라든가, '○○은행이 나올 때까지 직진하다가 오른쪽으로 돌기' 식으로 말이지요.

문학에도 표지판과 랜드마크 역할을 하는 것이 있습니다. 바로 패턴과 상징입니다. 패턴은 여러 곳에서 나타나는 표지판처럼 독자를 안내하고 그다음 길을 예상하게 합니다. 그리고 상징은 그 길 끝에 있는 랜드마크와 같이 핵심 의미를 명확히 드러내는 역할을 합니다. 표지판을 확인하며 패턴을 따라가다 보면, 중요한 랜드마크인 상징을 발견하게 되고 작품의 주제와 의미에 도달할 수 있습니다. 마치 흘려 놓은 돌멩이를 주우며 집까지 찾아가는 헨젤과 그레텔처럼요.

어떤 이야기에서 특정 키워드나 구문이 계속 반복된다면, 이는 독자에게 이 부분이 중요함을 알리는 표지판 역할을 합니다. 표지판은 길을 따라가는 동안 반복해서 등장하며, 독자가 어느 방향으로 가야 하는지 안내합니다. 이처럼 패턴은 작품의 흐름 속에서 독자가 핵심을 놓치지 않도록 도와줍니다. 반면 상징은 특정 대상에 더 깊은 의미를 부여해 작품 해석에 중요한 역할을 합니다. 장소를 대표하는 랜드마크처럼 상징은 작품의 핵심 개념이나 대상을 대표하기 때문에 상징을 잘 읽으면 작품 이해에 큰 도움이 됩니다.

패턴 = 표지판 = 독자가 어느 방향으로 가야 하는지 안내하는 역할

상징 = 랜드마크 = 특정 대상에 의미를 부여하여 핵심 의미를 명확히 드러내는 역할

『데미안』에는 '카인의 표식'이란 말이 자주 등장하는데, 성경이 익숙하지 않다면 그 상징이 무엇을 의미하는지 알아차리기 어렵습니다. 성경 속 카인은 질투심 때문에 동생 아벨을 죽이고, 그 벌로 추방되면서 표식을 얻지요. 이때 카인의 표식은 살인자를 가리키는 것이 아닌 다른 사람들로부터 그를 보호하는 역할을 합니다. 이것을 아는 사람이 작품을 읽는다면 '카인의 표식'을 지닌 사람들이 남달라 보였을 것입니다. 그렇다면 『데미안』에서 '카인의 표식'은 살인자의 표식으로 쓰였을까요? 보호의 표식으로 쓰였을까요? 아니면 전혀 다른 것을 상징할까요?

작품 속 '카인의 표식'을 지닌 사람들은 사회적으로 소외되어 있지만, 자신의 운명을 개척한 독립적이고 강한 사람들로 나타납니다. 주인공 싱클레어는 바로 이들을 통해 자신의 독립성과 자아를 발견하는 데 도움을 받습니다. 이렇게 본다면 소설에서 '카인의 표식'은 사회적 관습과 규범으로부터의 해방 혹은 개성과 독립성을 상징한다고 볼 수 있겠습니다.

문학 속 패턴은 사건, 상징, 주제, 구조 등을 반복하거나 변주하는 식으로 다양하게 나타나는데, 그중에 자주 사용되는 것이 바로 '영웅의 여정Hero's Journey' 패턴입니다. 신화학자 조지프 캠벨은 전 세계의 다양한 신화와 이야기를 연구한 결과, 대부분의 영웅 이야기에 공통된 서사 패턴이 있다는 것을 알게 되었습니다.

평범한 세계에서 태어난 영웅이 어떠한 이유로 모험의 부름을 받고, 세계를 떠돌며 각종 고난을 겪습니다. 그러나 영웅에게는 늘 다른 사람들의 도움이 있습니다. 그래서 무사히 도전에 성공할 수 있었고, 그 보상을 받아 원래 자기가 떠나온 세계로 돌아오며 이야기가 끝이 납니다.

이러한 일련의 과정은 보편적인 인간 경험과 연결되어 있어 현대의 수많은 이야기에도 영향을 미칩니다. 캠벨은 이 과정을 영웅이 은유적으로 죽었다가 부활하는 것으로 봅니다. 기존의 나약하고 평범한 사람이 진정한 영웅으로 다시 태어난 것입니다.

> **조지프 캠벨의 '영웅의 여정'**[5]
>
> 일상의 세계 → 모험의 부름 → 부름의 거부 → 조력자와의 만남 → 첫 번째 문턱 넘기 → 시험, 동맹, 적 → 가장 깊은 동굴로의 접근 → 중대한 시험 → 보상 → 되돌아가는 길 → 부활 → 보물을 가지고 귀환

저는 습관적으로 모든 문학 작품 속에서 영웅의 여정을 찾습니다. 주인공을 영웅의 자리로 배치하면 누군가는 조력자가 되고, 누군가는 적이 됩니다. 인물의 이동을 여정의 시작으로 보고, '어떤 도전과 시련을 겪는지, 시험을 통과한 결과 무엇을 얻었는지, 다시 제자리로 돌아왔을 때는 무엇이 달라져 있는지'를 중점으로 살펴봅니다. 간혹 주인공

이 이동하지 않을 때도 있지만, 의도치 않게 큰 사건에 휘말려 심리적으로 방황한다면 그것 역시 일종의 여정으로 봤습니다. 이렇게 패턴을 생각하면 작품의 전체 그림을 그리기가 한결 쉬워집니다.

하지만 영웅의 여정 패턴은 다소 복잡해 책을 읽으며 일일이 파악하기 어렵습니다. 그래서 저는 간략화한 아래의 패턴을 주로 이용합니다. 모두가 잘 아는 『헨젤과 그레텔』 이야기에 적용해 볼까요?

- **탐구자** - 헨젤과 그레텔
- **탐구 장소** - 숲(미지의 세계, 위험한 장소), 과자 집(덫, 시험의 장소)
- **탐구 시간** - 밤(위험과 불확실성, 두려움의 극대화)
- **여정을 떠나는 표면적 이유** - 가난과 굶주림
- **도전과 시련** - 1차 돌멩이, 2차 빵 부스러기, 3차 과자 집의 마녀
- **여정을 떠나는 진짜 이유** - 성장과 자립, 진정한 자유를 얻기 위한 여정

탐구자는 중심인물, 탐구 장소와 탐구 시간은 각각 소설의 공간적·시간적 배경에 해당합니다. 이야기 속에서 '숲'이나 '밤'은 일반적인 이미지로 사용되는데, '과자 집'이 특이하지요. 과자 집은 아이들을 유혹하는 '덫'이자, 아이들이 마녀를 물리쳐야 할 시험의 장소입니다. 사실 아이들은 스스로 여행을 떠난 것이 아니고 가난한 부모에게 버려졌습니다(여정의 표면적 이유). 15세기 독일은 어린아이들을 먹이기도 어려울 만큼 살기가 힘들었기 때문입니다. 다행히 헨젤이 흘려 놓은 돌멩

이가 집으로 돌아가는 것을 돕지만, 빵 부스러기는 동물들이 다 먹어 치워 집으로 돌아가는 길을 알 수 없게 되었습니다. 어쩌다 과자 집에 들어선 아이들은 곧 위험에 처하지만, 지혜를 발휘하여 마녀를 물리치고, 보물을 얻어 집으로 돌아옵니다. 앞으로 아이들은 부모님과 행복하게 살 수 있을 것입니다.

그렇다면 이 이야기가 들려주는 여정의 진짜 이유는 무엇일까요? 여행에서 돌아온 아이들은 자신들이 왜 버려져야 했는지 그 진실을 알게 될지도 모릅니다. 하지만 더 이상 그것이 문제가 되지 않을 겁니다. 아이들은 도전과 시련을 겪으며 한층 성장해서 돌아왔으니까요. 언젠가 그들이 자립해서 집을 떠나게 되면 그때야말로 진정한 자유를 얻을 수 있을 겁니다. 이렇듯 길을 떠나기 전과 집으로 돌아온 후의 아이들은 아주 다른 사람이 되었습니다.

세상에는 길을 떠나기 전까지 절대 알 수 없는 것들이 있습니다. 한바탕 회오리바람이 지나가고, 한숨 돌리며 주위를 둘러봐야 눈에 보이는 것들. 그것은 얼른 독립해서 가족의 생계에 도움이 되어야 한다는 슬픈 깨달음일 수도 있지만, 자립과 동시에 따라올 진정한 자유를 얻는 길이기도 합니다. 여정을 떠나는 진짜 이유는 주인공의 자각과 성찰을 위한 것이고, 그것은 이야기를 시작하게 하는 가장 중요한 원동력입니다.

이야기의 원형과 상호텍스트성
: 모든 책은 하나로 통한다

    책을 읽다 이런 생각 한 번쯤 하셨을 거예요. '이거 어디서 본 내용인데?' 백마 탄 왕자님이 등장해서 누추한 신데렐라를 공주님으로 만들어 주는 전형적인 동화 같은 것들. 이렇게 예전부터 유명해서 모두가 잘 알고 있는 이야기들이 있습니다. 이런 이야기는 작가의 별다른 설명이 없어도 쉽게 내용을 이해하게 한다는 장점이 있습니다. 하지만 어떤 이야기들은 특정 문화나 사회적 관습과 깊숙하게 관련이 있어, 다른 문화권에서는 그 내용을 파악하기가 쉽지 않습니다.

    제가 세계문학을 한창 읽을 때 가장 답답했던 것이 이 문제였습니다. '분명히 뭔가 더 있는 것 같은데, 찾아보는 것만으로는 한계가 있다. 어떤 공부가 필요할까?' 지금 생각하면 일부는 맞고, 일부는 틀린 생각이었습니다.

    특정 소설을 이해하는 데에 그 작가가 살던 시대와 국가적 상황을 알아보는 것은 분명 도움이 됩니다. 그러나 모든 작품을 일일이 찾아가며 읽을 필요는 없습니다. 그래서 한번 읽으면 두고두고 도움이 될 이야기의 원전原典을 몇 가지 소개하려고 합니다. 이야기의 원형을 구조화한 작품인 원전은 후대의 수많은 이야기, 장르, 캐릭터, 서사 구조 등에 지속적이고 결정적인 영향을 미쳤기 때문입니다. 원전 한 권을 제대로 읽으면 후대의 이야기는 결국 원전의 또 다른 버전이라는 것 또한 이해할 수 있을 겁니다.

제일 먼저 소개할 이야기는 그리스·로마 신화입니다. 몇 년 전 『일리아스』와 『오뒷세이아』로 독서모임을 하면서 얼마나 많은 신화 속 모티프가 현대 작품 속에 녹아들어 있는가를 알고 놀랐습니다. 책을 읽으면서 다소 생뚱맞다고 느꼈던 장면이나 대사들이 알고 보니 신화와 맞닿아 있었습니다. 그걸 진작 알았더라면 작품의 주제나 작가의 의도를 더욱 쉽게 파악하며 재미를 느꼈을 텐데 말이지요.

그때부터 그리스·로마 신화 관련 책을 꾸준히 읽고 있습니다. 태양을 가까이 말라는 충고를 무시한 이카로스의 추락, 인간들에게 불을 준 벌로 매일 간을 쪼아 먹히는 프로메테우스, 만지는 것마다 황금으로 만들어서 행복했지만 결국은 혼자 남은 미다스, 이 모든 것을 내려다보며 인간들을 좌지우지하는 아크로폴리스의 신들, 인간들이 경계해야 할 교만과 따라야 할 겸손 같은 것들. 읽고 있는 작품 속에서 그들을 만나면 이제 무척 반갑습니다. 현대의 내가 고대의 유럽 사람들과 아주 가느다랗게 한 가닥 이어져 있음을 알게 되는 순간입니다.

그리스·로마 신화에 이어 단테의 『신곡』을 읽었습니다. 이번에는 성경 속 모티프들을 공부해야 했습니다. 어쩌면 그리스·로마 신화보다도 더 많이 이용되었을지 모를 종교적 모티프들을 비종교인인 제가 알아보는 데에는 한계가 있었습니다. 그나마 어렸을 때 교회를 다닌 적이 있어서 이름들과 소재는 익숙했는데도 말입니다. 『신곡』을 한 줄 한 줄 읽으며 등장하는 성경 속 인물들과 이야기들을 찾아 가는 일은 귀찮았지만, 그것만으로도 책에서 보이는 것들이 확 달라졌습니다.

이때부터 저에게 책에 등장하는 아름다운 정원은 그냥 정원이 아니었습니다. '이건 혹시 에덴동산을 의미하는 게 아닐까? 그렇다면 이곳에서 일어난 일은 순수의 몰락을 의미하는 거겠지? 이 성대한 파티는 최후의 만찬일까? 마침 파티 인원도 열두 명이잖아?' 사흘 만에 돌아온 이는 부활한 예수요, 망해서 돌아오는 자식은 '돌아온 탕자'였습니다.

독서모임에서 읽은 움베르트 에코의 『장미의 이름』은 요한계시록을 아예 통째로 빌려 와 같은 내용과 구조로 서술한 작품이었습니다. 계시록의 예언에 따라 인물들이 차례로 사망하며 이야기가 진행되지요. 그리스·로마 신화나 성경의 내용이 우리의 정서와 다소 거리가 있어 생소할 수 있겠으나, 서구 문학을 이해하는 데에는 이만한 책들이 없으니 꾸준히 관심을 가지면 작품이 한결 친숙해질 겁니다.

> 📖
>
> - **종교적 모티프를 확인하기 좋은 책**: 토니 모리슨의 『빌러비드』, 이민진의 『파친코』
>
> 『빌러비드』를 읽으며 등장인물들 이름의 종교적 기원을 알아보고, 요한계시록의 '말을 탄 네 명의 기수들'이 작품 속에서 어떤 모습으로 등장하는지 확인해 보세요. 『파친코』 역시 등장인물들의 이름과 그들의 운명을 연결 지어 생각하기 좋은 작품입니다.

셰익스피어의 작품도 소개하고 싶습니다. 하나의 텍스트가 다른 텍스트를 다양한 방식으로 활용하는 상호텍스트성을 가장 잘 드러내기 때문입니다. 특히 셰익스피어의 작품은 줄거리가 단순해서 어렵지 않고, 작품에서 대사가 그대로 인용되는 경우가 많으니 희곡 그대로 읽기를 추천합니다. 모두가 알고 있는 『햄릿』의 유명한 대사 "죽느냐 사느냐, 그것이 문제로다." 같은 멋진 문장들을 발견하는 재미가 있겠고요. 고뇌하는 지성인의 모습으로 자주 인용되는 햄릿 외에 잔인한 폭군의 원형인 맥베스나 오만과 고집으로 자녀를 파멸에 이르게 하는 리어왕, 질투에 빠져 아내를 살해하는 오셀로 등 셰익스피어의 작품 속 인물을 통해 후대 문학에서 원형적 캐릭터를 발견하는 재미도 있습니다.

그뿐 아니라 작품의 제목을 셰익스피어에게서 빌려 오는 경우도 많습니다. 올더스 헉슬리의 『멋진 신세계 Brave New World』라는 제목은 셰익스피어의 희곡 『템페스트』에서 온 것으로 소설 말미에 야만인 존이 직접 인용하기도 합니다. 원작에서와 달리 '새로운 세계가 절대로 멋지지만은 않다'라는 반어적 용법으로 사용하지만요.

애거서 크리스티의 『그리고 아무도 없었다 And Then There Were None』 역시 셰익스피어의 『리처드 2세』의 대사에서 온 것으로 결국 아무도 남지 않게 된다는 두 작품의 공통적인 결말을 암시합니다. 토니 모리슨이나 윌리엄 포크너 등 얼마나 많은 작가들이 작품 속에서 셰익스피어를 참조하고 있는지 알고 보면 책 읽기가 더욱 흥미로워질 것입니다.

이야기의 원형과 상호텍스트성 개념을 저는 '모든 책은 서로 연결되어 있다'로 이해합니다. 이 세상 어떤 책도 홀로 태어난 것은 없을 겁니다. 책을 쓴 작가는 많은 책을 읽었을 테고, 그중에 몇몇 책들에 깊은 감명을 받았을 것입니다. 작가가 글을 쓸 때 그것들은 보이게 안 보이게 작품에 많은 영향을 미쳤을 거고요.

독자인 저는 읽고 보고 들었던 모든 것을 이용해 나만의 프리즘으로 작품을 읽습니다. 그래서 다른 사람들과 해석이 다를 수밖에 없고, 작가의 의도에서 멀리 벗어날 때도 있습니다. 하지만 저는 이 과정을 나만이 할 수 있는 창의적 변주라고 생각하며, 어쩌면 이 과정이 문학 읽기에서 가장 중요한 것이 아닐까 감히 말해 봅니다.

- **이야기의 원형** archetype
- 보편적이고 반복적으로 나타나는 이야기의 구조나 상징
- 사람들이 자연스럽게 이해하고 공감할 수 있는 이야기의 본질적 요소

- **상호텍스트성** Intertextuality
- 텍스트들이 서로 영향을 주고받으며 의미를 확장하는 과정
- 이전의 이야기, 주제, 캐릭터, 형식 등을 반영하거나 변형하며 새로운 의미를 창출

책 읽는 법:

제 2 부

책을 세밀하게 만나기 위해

5W1H
: 이야기의 여섯 열쇠

지금부터는 좀 더 세밀한 것들을 소개합니다. 눈에 잘 띄지 않는 단서들이기 때문에 자칫하면 그냥 지나치기 쉽지만, 이런 작은 단서들이 모여 작품의 주제와 작가의 의도를 강화하는 역할을 합니다. 독서모임에서 발제문을 만드는 데 도움이 되는 단서이기도 합니다. 육하원칙의 요소인 5W1H(Who, What, When, Where, Why, How)를 순서대로 정리하고, 실제 독서모임에서 반응이 좋았던 책으로 예시를 들겠습니다.

1. WHO: 인물에서 단서 찾기

소설에서 '인물'은 중요한 구성 요소 중 하나입니다. 주인공의 매력도에 따라 소설의 매력도가 좌우지되기도 합니다.

우리는 이야기를 접하면 일단 주인공이 누구인지 파악합니다. 이야기의 주인공, 즉 중심인물은 작가의 목소리를 대변하는 사람입니다. 말하자면 작가의 분신이자 작가가 가장 탐구하고 싶은 대상이기도 합니다. 작가의 목소리를 전달하지만, 작가가 가장 궁금해하는 사람이 바로 중심인물입니다. 자기가 만들어 놓고 궁금해하다니 좀 아이러니하지요?

롤랑 바르트를 비롯한 많은 작가들은 작품이 써지는 순간 '작가는 죽었다'고 말합니다. 작가의 의도나 배경이 작품의 의미에 영향을 주어선 안 된다는 말이지요. 작품이 완성되면 그것은 작가의 손을 떠나 독립적인 존재로 스스로 의미를 지니며, 독자는 이를 자유롭게 해석할 권리를 가집니다. 이런 의미에서 주인공을 창조한 작가라 할지라도 작가 마음대로 해석할 수 없으니 가장 탐구하고픈 대상이 되기도 하는 겁니다.

중심인물이 있으면 주변 인물도 있기 마련입니다. 주변 인물은 주인공을 돕는 조력자이기도 하고, 주인공에 대항하는 악당이 돼 갈등을 일으키기도 합니다. 영화에서 매력 있는 조연들이 '신스틸러'로 활약하는 것처럼 소설의 주변 인물도 매력적인 모습으로 활약합니다.

좋은 놈, 나쁜 놈, 이상한 놈

저는 소설의 인물에서 세 가지 유형에 집중합니다. 이른바 '좋은 놈, 나쁜 놈, 이상한 놈'입니다. 주인공은 대표적인 '좋은 놈'의 예입니다. 주인공은 대체로 선善을 실천하고 권장합니다. 처음에는 악인이었더라도 결국에는 긍정적으로 변화하는 입체적 인물인 경우가 많습니다. 그러니 주인공과 말이나 행동이 유사한 인물이 있다면 그 또한 '좋은 놈'입니다. 이런 인물은 보통 주인공의 미래를 미리 보여 주는 역할을 합니다. 주인공의 또 다른 분신이랄까요? 이야기 전개상 주인공을 운명의 구렁텅이로 함부로 빠뜨릴 수 없으니 비슷한 다른 사람을 통해 대리인 역할을 시키는 셈입니다.

호메로스의 『일리아스』에도 그런 사례가 있습니다. 아킬레우스가 아가멤논과 말다툼을 하고 화가 나 전투에 참여하지 않는 동안 그를 대신해 싸우는 여러 영웅이 나타납니다. 그들의 말과 행동은 아킬레우스와 상당히 유사하며, 그가 당할 수도 있었던 부상이나 죽음을 대신합니다. 주인공이 다른 선택을 했다면 벌어질 이야기를 다른 사람을 통해 대신 보여 주는 겁니다. 그럼으로써 독자는 궁금증을 해결하고, 우리의 주인공은 진정한 영웅이 될 수 있습니다.

이러한 경향은 쌍둥이가 주인공으로 등장하는 이야기에도 잘 드러납니다. 어린 시절부터 성향이 비슷해서 운명 역시 비슷하게 끝날 것으로 예상되는 쌍둥이가 헤어지면서 서로 완전히 다른 결말을 맞이하는 경우가 많습니다. '이 길이 아닌 다른 길로 갔더라면 어땠을까?' 하는 궁금증을 쌍둥이 중 한 명의 인생으로 대신 보여 줌으로써 사실 이들의 인생이 둘이 아니라, 선택으로 인한 또 다른 변주임을 드러냅니다.

> • **쌍둥이가 등장하는 매력적인 소설**: 아고타 크리스토프의 『존재의 세 가지 거짓말』, 아룬다티 로이의 『작은 것들의 신』
>
> 작품에서 주인공들은 쌍둥이입니다. 이들은 어렸을 때 헤어져 서로 다른 인생을 살다 재회합니다. 작가는 둘의 정체성에 혼란을 부여하며 독자를 당혹시킵니다. 이러한 운명의 갈래가 개인적 그리고 사회적으로 어떤 의미가 있을까요?

주인공의 대척점에 서 있는 악당들은 알아보기 쉽지만, 단순히 권선징악적 결말에 몰입하지 않는 것이 좋습니다. 소설이 제시하는 '나쁘다'라는 정의는 '유해有害하다'라기보다 '좋은 무언가가 결핍된 상태'에 가깝습니다. 그래서 저는 인물이 왜 그렇게 되었는지에 관심을 둡니다. 누구든지 잘못된 선택을 거듭하다 보면 악당의 자리에 설 수 있으니까요. 그런 의미에서 악당은 중심인물에게 경고하는 역할을 하기도 합니다. 매력적인 악당일수록 그의 악행에 나도 모르게 고개를 끄덕거리게 되지요. 주인공 또한 내면에 비슷한 생각을 하고 있는지 모를 일입니다.

『장미의 이름』의 냉철한 과학자 타입인 윌리엄은 늘 이성적으로 관찰하고 그에 따라 상황을 판단하려고 노력합니다. 그를 비판하는 호르헤 수도사는 어떤 경우에도 변하지 않는 원칙이 있다고 믿고 그것을 지키려는 인물입니다. 둘은 사사건건 대립하는 듯이 보이지만, 그들의 신념에는 정도의 차이가 있을 뿐 공통점이 존재합니다. 두 인물이 서로가 분신이라는 사실은 반복해 등장하는 '거울'이라는 소재를 통해 드러납니다.

이제부터 책을 읽다 악당을 만난다면 '이 인물이 다른 인물들에 비해 특히 무엇이 다른지, 무엇이 그를 다르게 만들었는지, 혹시 그 인물이 주인공의 또 다른 모습은 아닌지' 생각해 보면 어떨까요?

끝으로 볼 F. 스콧 피츠제럴드의 『위대한 개츠비』에는 머틀이라는 상당히 이상한, 다시 말해 어색한 존재가 등장합니다. 모든 게 생기 없고 죽어 가는 '잿빛 계곡'이라는 공간에서 그녀만큼 화려하고 생명력을 발산하는 존재는 없습니다. 머틀은 생기 없는 배우자 존보다는 화려한 생활을 즐기는 톰과 훨씬 잘 어울려 보입니다.

톰의 정부가 된 머틀은 역시 본인과 어울리지 않는 데이지의 자리를 호시탐탐 노립니다. 하지만 데이지의 이름을 감히 입에 올리는 것만으로도 톰의 주먹을 피할 수 없습니다. 하위 계층 출신인 머틀의 이런 이상한 상황은 이야기의 진행에 중요한 전환점이 되며, 결말을 더욱 비극적으로 끌고 갑니다. 이런 식으로 소설 속의 이상한 사람은 이야기의 주제를 가장 극단적으로 드러내는 존재이기도 합니다.

- **중심인물** - 작가의 목소리를 대변하는 사람, 작가의 분신이자 가장 탐구하고 싶은 대상
- **주변 인물** - 대리자(주인공의 미래를 미리 보여 주는 역할)
  - 적대자(중심인물에게 미리 경고하는 역할)
  - 대리자, 적대자 둘 다 중심인물의 분신으로 사용되기도 한다.

인물은 집단을 대표한다

요즘 유행하는 MBTI로 성격의 유형을 나누는 것은 이야기 내내 성격이 변하지 않는 평면적 인물을 분석하는 방법과 닮았습니다. 반면 입체적 인물은 강점과 약점, 모순을 지니고 있어 태도가 변화합니다. 때문에 입체적 인물은 몰락과 성장의 가능성을 모두 가진 존재입니다. 이러한 인물을 더 잘 이해하기 위해 저는 인물이 특정 집단을 대표하는지 생각해 보곤 합니다.

- 인물은 어느 집단을 대표하는가?
- 그 집단은 어떤 위치에 있으며 사회를 향하여 어떤 목소리를 내고 있는가?
- 각 집단을 대표하는 A와 B의 관계는 어떠한가?

인물을 집단으로 생각하면 작품 속 개인적 갈등은 반드시 사회적·국가적으로 확장된 의미를 갖습니다. 집단으로 생각하는 것은 대하소설처럼 인물이 많이 등장하는 소설을 읽을 때 분류하기에도 편리합니다. 집안의 가계도를 중심으로 이야기가 진행되는 소설을 읽을 때면 '누가 죽고 누가 태어나는가'에 집중합니다. 구세대가 사라지고 새로운 세대가 시작되는 것은 종종 아이의 탄생을 통해 구체화되곤 합니다. 보리스 파스테르나크의 『닥터 지바고』는 유리와 라라의 잃어버린 자녀를 찾는 것으로 이야기가 끝이 납니다. 이 아이가 대표하는 세대를 통해서 러시아의 전통을 잇고 재도약을 하고자 하는 작가의 바람이 엿보입니다. 이사벨 아옌데의 『세피아빛 초상』 역시 주인공 아우로라 집안의 일대기가 그려진 연작소설입니다. 삼대에 걸친 일대기를 읽으며 결말에 '무엇이 이어지고 단절되는지'에 집중한다면 작가가 진정으로 소중하게 여기는 것을 파악할 수 있습니다.

- **평면적 인물** - 특정 속성을 명확히 드러내며, 주요 주제를 간결하게 전달하는 상징적 역할
  - 주로 주인공의 대척점에 서서 극적인 긴장감을 조성하는 역할을 맡는다.
- **입체적 인물** - 내적 갈등을 통해 성장하거나 몰락하며 이 과정에서 작품의 메시지를 심화
  - 현실적이어서 독자에게 큰 감정적 공감을 일으킨다

인물은 기호다

　인물을 그리는 방법은 크게 직접묘사와 간접묘사로 나눌 수 있습니다. 독자는 작가의 서술이나 인물의 언행으로 캐릭터를 판단하기도 하고, 인물이 평가하는 말을 통해 파악하기도 합니다. 하지만 남들이 말해 주는 대로 믿는 것을 조심해야 합니다. 등장인물들이 매번 바른말만 하지는 않으니까요. 오히려 인물이 부당한 평가를 하고 있다면 '저 사람은 왜 이 인물에 대하여 이렇게 말할까?' 하고 의심해 봐야 합니다.

　이런 일을 예방하기 위해서는 인물들의 사회적 계급을 고려해 읽으면 좋습니다. 계급은 인물의 상하 관계를 단적으로 드러내는 장치이기 때문입니다. 누가 더 상위 계급에 있는가를 파악하는 작업은 해당 인물의 언행을 상당수 바로 보게 돕는 역할을 합니다.

　어떤 작가들은 인물에 세밀한 기호를 남기기도 합니다. 해리 포터 이마의 번개 표식은 대표적인 영웅의 표식입니다. 장애나 흉터를 선천적으로 가지고 태어났다는 건 평범하게 살아가기 힘들다는 것을 의미합니다. 그로 인해 발생하는 고달픔을 이기고 영웅이 되리라는 예언의 증표이기도 합니다.

　작품 속 인물이 어떤 질병에 걸렸다는 것은 특정 영역에 대한 이해가 부족하다는 것을 뜻하기도 합니다. 『장미의 이름』의 호르헤 신부는 빛이 부족한 장서관에서 오래 책을 읽다 실명한 것으로 묘사됩니다. 이는 상황을 제대로 보지 못하고 맹목적인 신념을 가진 그의 태도와 잘 어울립니다. 반면 수도사 윌리엄은 시력이 좋지 않아 더 잘 보기 위해서 '안경'을 씁니다. 안경을 잃어버린 동안에는 사건 해결에 어려움을 겪기도 합니다. 이때 '안경'은 사건 이해를 돕는 장치라고 볼 수 있습니다.

서머싯 몸의 『달과 6펜스』도 살펴볼까요? 주인공 스트릭랜드는 말년에 나병에 걸려 눈이 멀고 맙니다. 흉한 외모 탓에 나병은 당시 하늘이 내린 벌이라고 불렸다고 합니다. 이런 질병은 가족을 외면한 그의 무책임에 대한 형벌인 동시에, 그럼에도 불구하고 역작을 만들어 낸 스트릭랜드의 위대한 예술성을 드러내는 장치이기도 합니다.

이름 또한 등장인물을 정의하고 정체성을 대변하는 중요한 역할을 합니다. 그렇기에 이름 짓는 행위는 작가의 주장을 펼치는 전략이 될 수 있습니다. 토니 모리슨의 『솔로몬의 노래』는 이름과 이름 짓는 행위, 그 자체의 힘과 권위를 잘 보여 줍니다. 주인공 밀크맨은 조상의 이름을 찾아 가는 과정에서 자신의 정체성을 형성합니다. 소설 속 많은 아프리카계 미국인들은 별 의미 없이 성경에서 이름을 따왔지만, 성경 속 인물들과 거리가 먼 현실을 살고 있습니다.

밀크맨 또한 그랬지만, 그는 여정을 통해 자기 조상이 하늘을 나는 놀라운 아프리카적인 능력을 가졌었다는 것을 알게 됩니다. 이후 밀크맨은 정체성과 맞지 않는 이름을 폐기하는 대신, 주체적인 삶을 살며 주어진 이름에 새로운 이미지를 부여하고자 노력합니다. 같은 맥락에서 만약 인물이 개명을 했다면, 그것은 주어진 운명에 맞서고자 하는 인물의 적극적인 의지를 보여 주는 것입니다.

- **직접묘사**
  - 화자가 인물이나 상황을 명시적으로 설명하는 방식
  - 독자에게 정보를 빠르고 명확하게 제공
- **간접묘사**
  - 정보들이 화자의 개입을 거치지 않고 독자에게 직접 전달되는 방식
  - 독자가 상황을 스스로 해석하게 만들어 더 깊은 몰입을 유도

화자에 속지 말기

'작품을 누구의 눈으로 바라보고, 누구의 입으로 말하는가' 역시 눈여겨볼 문제입니다. 화자는 작품의 시선을 제한하고 독자의 개입을 막는 역할을 하므로 주의해야 합니다.

19세기 초 메리 셸리가 쓴 과학소설 『프랑켄슈타인』의 화자는 영국 귀족 월턴으로, 북해 여행 중 우연히 만난 프랑켄슈타인 박사에게 매우 호의적인 태도를 보입니다. 그의 시선을 따라가는 독자는 은연중 박사의 적대적인 시선으로 괴물을 바라보게 되지요. 그러나 작품을 끝까지 읽은 독자라면 과연 누가 진짜 괴물인지 다시 생각하게 될 것입니다.

이처럼 화자는 작가의 신뢰를 얻는 존재이기 때문에 역설적으로 가장 속기 쉽습니다. 많은 작품들이 순진한 어린아이의 시선으로 작품을 서술하는 것도 그런 이유일 겁니다. 이 경우 화자의 무지가 자연스러워 독자 또한 작품을 부담 없이 대할 수 있다는 장점이 있습니다. 그러나 아이의 특성상 복잡한 상황을 제대로 이해하지 못해 신뢰가 떨어진다는 단점도 있습니다. 작가들은 이러한 장단점을 잘 살려 작품을 새로운 시각으로 볼 수 있도록 독자를 유도합니다.

하퍼 리가 쓴 『앵무새 죽이기』의 화자인 스카웃은 마을에서 이루어지는 잔인한 사건들을 어린 소녀의 시선으로 담담하게 이야기하고 있습니다. 그렇지만 독자들은 그 안에서 일어나는 진짜 사건에 대해 정확히 알 수 없을 뿐 아니라, 스카웃이 어디까지 이해하고 있는지도 알 수가 없습니다. 그래서 아이의 말은 더욱 의혹을 증폭하며 때로 이중적으로 해석되는 효과를 주기도 합니다.

　소설의 재미를 가르는 가장 큰 요인은 인물이 얼마나 매력적인가에 달려 있습니다. 그만큼 소설의 인물을 해석하는 것은 즐거운 일입니다. 다양한 상황을 접하면서 '나라면 어떻게 하겠는가?' 미리 생각해 볼 기회도 얻습니다. 이런 생각들은 결국 타인을 이해하는 데에도 도움이 됩니다. 책을 읽으면 읽을수록 우리는 모두 입체적 캐릭터라는 생각을 합니다. 우리는 완전하진 않지만 그래서 더 고귀하고, 앞으로 더 나아질 가능성을 가지고 있는 존재라는 것. 이런 생각을 하다 보면 어쩐지 이 세상도 내일은 좀 더 나아질 것만 같습니다.

2. WHEN, WHERE: 시간과 공간에서 단서 찾기

몇 년 전 뉴욕에서 9/11 메모리얼을 방문하고 외국 친구들과 '9·11 테러' 이야기를 나눈 적이 있습니다. 하루를 정리하는 늦은 밤 갑자기 들이닥친 그날의 속보는 경악스러웠지만, 저에게는 다소 추상적인 아픔이었습니다. 반면 삶의 터전에서 사랑하는 가족과 친구들을 잃은 그들에게는 그 순간, 그 공간을 떠올리는 것만으로도 엄청난 슬픔일 것입니다.

사실 메모리얼을 처음 볼 때는 지하로 계속해서 끝도 없이 떨어지는 물이 누군가의 추락을 떠올리게 해서 몹시 몸서리가 쳐졌습니다. 하지만 그들과의 대화 이후에 다시 보니 사랑하는 사람들을 잃고 끝없이 흘렸을 그들의 눈물을 더 닮았더라고요. 이렇게 남아 있는 사람들의 슬픔과 떠난 사람들에 대한 그리움이 '메모리얼'이라는 공간에 농축되어 우리를 계속해서 그때의 순간으로 되돌리고 있었습니다.

이렇게 잘 짜인 시공간은 한순간에 우리를 그곳으로 데려다 놓습니다. 작가에게는 '어떻게 해야 이야기를 효과적으로 드러낼 수 있을까' 하는 고민의 시작이기도 합니다. 실제로 있었던 사건이나 사고에서 영향받은 작가의 경험은 작품 구상에 중요한 계기가 됩니다.

　문학에서는 많은 경우 구체적인 시간과 장소들을 현실에서 빌려 오곤 합니다. 그러나 '작가는 세계를 해체한 후 재구성한다'고 말합니다. 작품 속 배경은 작가의 의도가 반영된 세계이므로 어떤 경우에도 현실과 일치하지 않습니다. 그 사실을 잊고 배경에만 초점을 맞추다 보면 그것의 사실관계에만 집중하는 실수를 저지르게 됩니다. 그래서 저는 '왜 하필 이 시대, 이 공간일까?'에 중점을 두고 읽기를 택했습니다. 이런 질문을 하면 인물에 대한 공감도가 달라집니다. 이를 통해 작가는 사회에 유의미한 여론이나 절충안을 이끌고, 미처 떠올리지 못하고 살아가는 것들에 대한 질문을 던지는 것입니다.

시간적 배경을 읽는 열쇠

　시간적 배경은 두 개의 관점에서 살펴보는 것이 좋습니다. 먼저 전쟁이나 대공황, 68혁명 같은 국가적으로 발생한 사건들을 찾아봅니다. 이런 사건은 개인적으로나 사회적으로 영향이 매우 큽니다. 그 파장이 넓고 포괄적이어서 이런 상황에서 만나는 질문과 해결책은 모두가 공통으로 생각해 볼 문제입니다. 그렇기에 두 차례의 세계대전이나 식민지 상황에서 '각 인물이 어떤 선택을 하고, 어떤 이들은 왜 다른 선택을 하였는지?' 등의 질문은 유사한 상황에 놓인 독자들의 공감을 쉽게 이끌어 냅니다.

　반면 국지적인 시대 상황을 배경으로 하는 작품의 경우 특정 시대를 우선 이해해야 합니다. 예를 들어 여성의 자유로운 사회생활이 억압되었던 영국의 빅토리아 시대가 그렇습니다. 조지 엘리엇, 브론테 자매 등 당대의 많은 여성 작가들은 시대적 상황 속에서 여성으로 겪어야 했던 고충과 갈등을 주로 그렸는데, 이 시대에 대한 이해 없이 작품을 읽으면 작가의 의도를 자칫 오해할 수 있습니다.

　시간적 배경에는 날씨나 계절, 기후, 자연물 등의 자연적 요소도 중요합니다. 이는 작품 속에서 분위기 조성을 돕습니다. 마리오 바르가스 요사의 『판탈레온과 특별봉사대』는 주인공 판탈레온 대위가 아마존 지역의 한 부대에서 특별한 임무를 맡으면서 펼쳐지는 이야기입니다. 아마존의 뜨거운 열기와 끈적끈적한 습도는 이성적이고 냉정한 판탈레온의 도덕성에까지 침투하고 맙니다. 작가는 이곳에 정착한 등장인물의 상당수를 열기와 광기에 휩싸이는 것으로 그립니다. 임무에 실패한 판탈레온이 페루에서 가장 추운 산악지대로 쫓겨나는 결말을 보면, 이 작품에서 기후가 얼마나 중요한 문학적 장치로 사용되는지 알 수 있습니다.

또한, 계절이나 기후의 일반적인 이미지를 반대로 활용함으로써 작가의 진의를 위장할 수도 있습니다. 끝없이 내리는 '홍수'는 일반적으로 끔찍한 대혼란을 떠올리게 하지만, 더러운 것들이 싹 씻겨 내려가는 정화의 이미지도 가집니다. 반대로 '눈' 내리는 풍경은 매우 깨끗하고 평화로워 보이지만, 표면 아래에 진짜 무엇이 있는지는 누구도 알 수 없습니다.

다른 예를 하나 더 살펴볼까요. '일출'이나 '일몰'은 사람의 인생에서 새로운 시작과 몰락을 비유합니다. 헤밍웨이의 『태양은 다시 떠오른다』와 마거릿 미첼의 『바람과 함께 사라지다』는 모두 일출을 소재로 사용합니다. 제목이기도 한 '태양은 다시 떠오른다The sun also rises'라는 문장은 본래 성경(전도서 1:5)에서 시간과 자연의 반복성을 나타내는 것으로 쓰였습니다. 헤밍웨이는 이 구절을 '전쟁 후 공허함과 무기력 속에서도 시간은 속절없이 흐른다'라는 의미로 사용합니다. 상실감을 겪은 1920년대의 냉소적이고 체념적인 사람들의 태도가 반영된 겁니다.

반면, 『바람과 함께 사라지다』에서 "결국 내일은 내일의 태양이 뜰

테니까 After all, tomorrow is another day."라는 스칼렛의 마지막 대사는 헤밍웨이의 것과는 반대로 낙관적인 위안을 담고 있는 것으로 보입니다. 남북전쟁의 혼란 속에서도 내일이 오면 다시 시작할 기회가 있을 거라는 희망적인 메시지를 담아 이야기하기 때문입니다.

이렇게 두 작품 모두 전쟁과 일출이라는 시간적 배경을 사용하고 있지만, 그 의미는 작품 속 맥락에 따라 완전히 다르다는 것을 확인할 수 있습니다. 이처럼 자연적 요소들은 작품에서 양면적인 이미지로 활용되니 반드시 맥락으로 파악하도록 합니다.

- 국가적 이벤트가 포함된 시대적 배경
  - 전쟁, 대공황, 68혁명, 내전 등
  - 포괄적, 보편적, 인물들의 선택과 선택에 따른 결과에 초점
- 사회 문화가 반영된 시대적 배경
  - 성적 차별, 계급 갈등 등
  - 개별적, 계층적, 인물들의 위치에 따라 다르게 해석하기

공간적 배경을 읽는 열쇠

공간적 배경을 파악하는 것도 중요합니다. 작품에서는 실제 지명을 사용해 역사적 사실을 강조하며, 땅과 그 땅에 사는 사람들의 이야기를 하는 경우가 많습니다. 실제 지명을 사용하면 작가의 말에 신뢰가 갑니다. 그러나 만약 가상의 공간이라면 작가의 의도가 상당히 개입되었다고 볼 수 있겠지요. 등장인물의 이름을 붙이듯 공간에도 성격을 부여한 겁니다.

『위대한 개츠비』의 '잿빛 계곡 the valley of ashes'은 그곳에서 사는 사람들의 음울하고 비관적인 삶과 어울리는 명칭입니다. 반면 전혀 어울리지 않는 지명을 반어적으로 사용하기도 합니다. 조지 오웰의 디스토피아 소설 『1984』에서 주인공 윈스턴이 사는 아파트는 '승리의 저택 Victory Mansions'입니다. 그러나 실제 매우 열악하고 낡은 건물로 묘사되고 있어 전체주의 사회에서의 '승리'가 허울뿐이라는 것을 보여 줍니다. 이렇게 현실과 반대되는 지명은 독자에게 예상치 못한 긴장감을 부여하고 이야기를 다층적으로 해석하게끔 유도하지요.

공간의 지리적 위치가 무엇을 상징하는지 파악하는 것도 의미가 있습니다. 작품 속에서 '정원', '낙원'이 등장한다면 기독교 문화권 사람들은 '에덴동산'을 자연스럽게 떠올릴 것입니다. 현실에서 고립된 '성'이나 '섬'에서 발생한 사건은 우리와 '다른 세계'에서 적용되는 규칙과 질서를 가지고 있음을 짐작할 수 있지요. 또한 일반적으로 '강'은 '무한

한 시간의 흐름'을, '바다'는 '거대한 운명'을 나타내는 배경으로 사용됩니다.

이러한 바다의 속성을 잘 보여 주는 소설로 마르그리트 뒤라스의 『태평양을 막는 제방』이 있습니다. 주인공 쉬잔의 어머니는 캄보디아의 토지국에서 땅을 불하받지만, 곧 그 땅은 바닷물이 밀려 들어와 경작이 불가능한 것으로 판명이 납니다. 어머니는 제방을 쌓아 어떻게든 쓸모 있는 땅으로 만들어 보려 애씁니다. 인간이 만든 제방이 결코 거대한 태평양을 이길 수 없음에도 불구하고, 그녀는 죽는 날까지 제방을 쌓는 일에 몰두하고 집착합니다. '어머니에게 제방은 과연 어떤 의미였을까'를 생각하다 보면 '태평양'과 '불하지', '토지국' 등은 각각 무엇을 상징하는지 꼬리에 꼬리를 물며 질문이 이어질 것입니다.

특히 전쟁이나 역사적 사건을 다룬 작품은 이야기가 진행되는 공간, 즉 국가의 지리적 위치가 굉장히 중요할 수 있습니다. 지도를 검색하는 습관도 공간적 배경 이해에 많은 도움이 됩니다.

• **공간적 배경이 두드러지는 소설**: 아베 코보의 『모래의 여자』

모래 구덩이에 사는 여인과 끊임없이 탈출을 시도하는 주인공의 삶에 대해 생각해 보세요. 모래 구덩이는 우리에게 어떤 의미가 있으며, 작가는 이것을 통해 무엇을 말하고 있을까요?

제가 공간적 배경에서 특별히 신경을 쓰는 것은 '높고 낮음의 문제'입니다. 작품 속에서 '누가 상승하고, 누가 하강하는가?'를 파악하는 일은 인물들의 신분이나 계급을 구분해 주는 좋은 기준이 되었습니다.

뮈리엘 바르베리의 소설 『고슴도치의 우아함』의 공간적 배경은 아파트로, 고층에 사는 가족일수록 상류 계층으로 묘사됩니다. 아파트를 관리하는 수위인 르네는 가장 아래층에서 일하면서 상류 계층의 위선을 비판하지만, 위층에 사는 소녀 팔로마, 가쿠로와 친구가 되면서 이야기가 복잡해지지요.

이러한 '높고 낮음'의 문제는 영화에서 특히 찾아보기 쉬웠습니다. 영화 「기생충」에서 기택의 집은 반지하인 반면 사장의 집은 이 층 주택입니다. 또한, 인물들이 긴 계단을 단체로 오르내리는 장면의 반복을 통해 더 높은 곳으로 오르려는 인간의 열망을 확인할 수 있습니다. 이 질문을 수평으로 구성하면 영화 「설국열차」에서처럼 '누가 앞에 서고, 누가 뒤에 서는가?'의 문제로 나타납니다. 하지만 대부분의 작품에서 하늘과 가까운 곳에 사는 사람일수록 신과 동급에 가깝습니다. 만약 일반인이 계속해서 선을 넘는다면 영락없이 그들은 벌을 받거나 죽음을 맞이합니다. 행복의 정점에서 죽음을 맞는 르네처럼 말입니다.

소설을 읽으면서 몰입하다 보면 그 시대 그 공간으로 이동한 느낌이 듭니다. 그러다 보면 인물에 더 공감하게 되고, 더 나아가 마치 내가 그 인물이 된 것처럼 동일시하게 됩니다. 소설 속 인물과 나를 동일시하여 책을 읽는 것은 시각과 관점을 제한할 수 있어 조심해야 합니다. 그러나 그럼에도 불구하고 한순간에 나를 그곳으로 이동해 주는 잘 쓰인 문장을 만나는 일이야말로 문학이 주는 기쁨이라고 말할 수 있겠지요.

- **실제 지명 사용** - 역사적 사실 강조, 땅과 그 땅에 사는 사람들에 얽힌 이야기
- **가상의 지명 사용** - 작가의 의도가 개입, 반어적 표현 가능성
- **생각해 볼 문제**
  - 지리적 위치가 무엇을 상징하는가?
  - 누가 상승하고, 누가 하강하는가?
  - 누가 앞에 서고, 누가 뒤에 서는가?

3. WHAT, HOW, WHY: 갈등, 방식, 이유에서 단서 찾기

가장 기반이 되는 소설 속 배경을 파악하였으니 그 위에 이야기라는 성을 쌓아 올려 봅니다. 해변이라면 쉽게 구할 수 있는 모래로 성을 지을 것이고, 견고한 것을 바란다면 벽돌도 좋을 것입니다. 이러한 재료를 '이야기의 소재 = 이야기가 다루고 있는 갈등 = WHAT'이라고 볼 수 있습니다. 재료가 준비되었다면 다음 생각할 것은 성을 쌓는 방식입니다. 어떤 순서로 성을 쌓을까? 가장 거리가 먼 성벽에서부터? 아니면 바로 성의 주축이 되는 기둥부터? 성을 쌓는 순서는 말하자면 갈등을 풀어 가는 방식, 즉 HOW에 해당합니다. 끝으로 가장 중요한 질문. 왜 이 성을 만들었나요? 완성된 성은 처음의 의도를 잘 드러내고 있나요? 이 성을 만든 이유, 그것이 바로 WHY가 될 겁니다.

WHAT: 갈등을 이해하는 열쇠

우리가 살면서 무심히 지나치는 일상은 보통 삶에 큰 영향을 미치지 않습니다. 하지만 그 균형이 깨지고 금이 가는 순간 그때부터 고민이 시작됩니다. 잠자리에 누워 하루를 돌아보았을 때 가장 먼저 생각나는 건 아마도 그날 있었던 크고 작은 사건, 즉 갈등일 겁니다. 그래서 저는 소설에서 WHAT에 해당하는 것이 결국 '무슨 사건이 일어났는가'에 대한 대답, 즉 갈등의 문제라고 생각했습니다. 작품의 분위기에 슬슬 긴장감이 돌출되기 시작하면 그때가 바로 '인물이 무엇에 분노하고, 누구와 갈등하는지'를 본격적으로 파악할 시점이지요.

헤밍웨이의 『무기여 잘 있어라』를 읽을 때였습니다. 1차 세계대전에 참전 중인 군인 프레더릭은 포탄을 맞아 부상을 입었지만, 쾌적한 병실에서 캐서린의 간호를 받으며 행복한 시간을 보냅니다. 그사이 계절은 봄에서 여름으로 바뀌고 비가 자주 내렸지요.

몸이 회복될수록 그들의 사랑은 깊어 가고 전시 상황도 좋아졌지만, 캐서린이 비를 무서워한다는 걸 언급하는 순간 머릿속이 싸해졌습니다. 별 반응을 보이지 않는 프레더릭과 달리 저는 이상하게도 열어 둔 창문이 자꾸 신경 쓰이는 겁니다. '프레더릭은 빗물이 들이칠까 계속 확인하면서도 왜 그냥 창문을 닫지 않는 거지?' 답답한 마음에 긴장을 졸이며 책장을 넘겨 보니 결국 비는 병실에 잔뜩 들이쳤고, 곧 프레더릭은 전선에 복귀 명령을 받았습니다.

헤어지는 날에도 비가 추적추적 내렸는데 캐서린은 그 와중에도 "비를 피해 있으라."라고 당부했습니다. 이를 가뿐히 무시하는 프레더릭을 보며 저는 조만간 그에게 무서운 일이 생길 것이며, 계속해서 인간이 어찌할 수 없는 운명 앞에 갈등하게 되리라는 생각이 들었습니다. 그리고 결국 그렇게 되었지요.

소설 속에서 일어나는 갈등은 굉장히 다양하지만 크게 세 가지로 나눌 수 있습니다.

가장 먼저 '신(자연, 운명)과의 투쟁'을 들 수 있습니다. 전지전능한 신과 인간의 싸움은 대부분 일방적인 인간의 패배로 이어집니다. 신을 '자연'이나 '운명'으로 대치해 봐도 마찬가지일 것입니다. 그럼 그런 의미 없는 싸움을 통해서 작가는 무엇을 보여 주고 싶은 걸까요?

다시 헤밍웨이를 떠올려 봅니다. 헤밍웨이는 인간이 상대할 수 없는 것들 앞에서 일방적으로 무너지지 않는 인간의 존엄성을 그리고자 했습니다. 『노인과 바다』의 힘없어 보이는 노인 산티아고는 홀로 바다에 나간 지 84일이 지나도록 고기 한 마리 잡지 못한 채 망망대해를 떠다닙니다. 85일째 되는 날 드디어 커다란 청새치가 잡혔는데, 이 녀석이 너무 거대해서 노인이 고기를 끌어당기기는커녕 청새치가 배를 잡아끄는 겁니다. 그렇게 실랑이를 한 지 사흘 만에 청새치를 작살로 찌르는 데 성공했지만, 집으로 돌아오는 동안 상어 떼가 달려들어 뼈만 남기고 다 먹어 치웠지요.

영광의 뼈를 가지고 돌아온 노인을 어리둥절하게 바라보는 사람들을 뒤로한 채 산티아고는 아무 말 없이 깊은 잠에 빠져듭니다. 노인의 꿈속에는 용맹한 사자가 등장합니다. 아마도 내일이 되면 산티아고는 또다시 고기를 잡으러 바다에 나서겠지만, 다음에는 무사히 돌아올 수 있을지 확신할 수 없습니다.

신과 같은 거대한 자연에 맞서 인간은 어쩌다 한 번은 이길 수 있습니다. 그러나 신은 선을 넘는 자에게 벌을 내리기도 합니다. 돌아오는 것은 결국 패배라는 것을 알면서도 인간은 다시 한번 그 앞에 서서 살아 있음을 확인합니다. 우리는 그것을 '운명'이라 부릅니다.

두 번째 갈등은 소설에서 가장 일반적으로 접할 수 있는 '타인(이웃)과의 투쟁'입니다. 그중에서도 타인이 가족이나 이웃처럼 밀접한 관계가 있을 때 그 갈등은 배가됩니다. 프란츠 카프카의 『변신』을 예로 들어 볼까요.

가족을 부양하며 선량하고 성실하게 하루하루를 살아가던 그레고르 잠자는 어느 날 눈을 떠 보니 벌레가 됩니다. 처음에는 동정의 눈길을 주던 가족들은 시간이 지날수록 그를 사람이 아닌 벌레로 대합니다. 사람으로 대접받으려는 잠자의 노력은 아무 소용이 없었고, 결국 그는 벌레로 조용히 생을 마감합니다. 여기서의 갈등은 요란하지 않지만 잠자의 마음속은 그 어떤 전쟁터보다도 참혹했을 겁니다. 이러한 갈등 속에서 '누가 승리하고, 누가 패배하였는가, 그리고 그 결과가 어떤 영향을 미쳤는가?'라는 질문은 자연스럽게 작품의 주제와 맞닿습니다.

마지막 갈등은 '자기 자신과의 투쟁'입니다. 이는 가장 내밀하게 진행되어 겉으로 보았을 때는 인물이 갈등을 겪는지 알 수 없을 때가 많습니다. 갈등이 얼마나 복잡하고 격렬했든지, 누가 승리하고 패배하든 다 본인이기 때문에 승패 자체에 대해 생각하는 것은 의미가 없습니다. 그보다도 인물의 내면에서 갈등이 진행되는 과정과 흐름을 살펴보는 것이 도움이 되었습니다.

헤르만 헤세의 『유리알 유희』의 주인공 크네히트가 생각이 납니다. 그는 남부러울 것 없는 능력과 성품으로 일찍이 명인으로 선정되어 이상적인 나날을 보내고 있었습니다. 아무도 그를 괴롭히지 않았지만, 타고난 관찰력과 예민함으로 남들이 보지 못하는 삶의 다른 면모를 자각했고 그것은 늘 그를 괴롭게 만들었지요. 명인의 자리를 박차고 세속의 세계로 나가 아이들을 가르치고자 하는 크네히트의 열망을 사람들은 이해하지 못합니다. 하지만 마음속 갈등을 그 누가 대신 해결해 줄 수 있을까요? 이러한 종류의 갈등은 일단 문제를 자각한 자만이 겪는 것이고, 자신의 의지만이 해결할 수 있는 성질의 것입니다.

- **투쟁(갈등)의 종류**
  ① **신(자연)과의 투쟁** - 일방적인 인간의 패배, 승패와 상관없이 도전 자체에 의미를 둠
  ② **타인(가족, 이웃)과의 투쟁** - 가장 일반적, 승패의 결과와 그 영향에 주목
  ③ **자기 자신(의지)과의 투쟁** - 가장 내밀함, 승패 자체보다 과정과 흐름에 주목

HOW: 갈등이 어떻게 해소되는가?

 일단 갈등이 생기면 사람들은 여러 태도를 취합니다. 성격과 상황에 따라 갈등에 맞서 싸우기도, 싸움을 피하고 규칙을 수용하기도 하지요. 이렇게 발생한 갈등들이 작품 속에서 어떻게 해소되고 있는지 살펴보는 것이 HOW의 문제가 됩니다.

 우리의 세계는 슬프게도 승자가 규칙을 지배하는 것으로 보이고, 문학은 우리의 세계를 모방하기 때문에 '승자, 즉 서사를 지배하는 자는 누구인가?'라는 질문은 상당히 중요해 보입니다. 이 질문의 대답이 이야기에 질서와 서사를 부여하기 때문입니다. 하지만 갈등이 반드시 누군가의 승리와 패배로 끝나지만은 않습니다. 서사의 흐름은 오히려 갈등에 대항하는 인물의 태도와 정도에 따라 전개되는 양상이 달라지는 것처럼 보입니다. 인물들이 갈등을 해소해 나가는 방향을 다음의 내용으로 정리해 보았습니다.

인물의 태도	선택과 결과
적극적(열린 태도)	대립 또는 동조 → 외적 갈등 심화
소극적(닫힌 태도)	회피 또는 타협 → 내적 갈등 심화

 문제가 생겼을 때 적극적으로 싸울 결심을 하는 사람(대립)이 있는가 하면, 찬성하는 사람(동조)도 있습니다. 그 문제에 크게 관심이 없다

면 아무래도 그런 갈등 상황을 우선 피하고 싶겠지요(회피). 결정해야 하는 상황이 닥친다면 절충할 수도 있습니다(타협). 저는 '적극적'이라는 말을 외부 세계와 자신과의 상호작용에 있어 감정적으로 '열려 있다'라고 보았습니다. 열린 태도를 보이는 인물들은 삶의 변화를 적극적으로 관찰하고 변화의 가능성을 가지고 있습니다. 이런 인물들이 갈등에 부딪힌다면 본격적으로 대립하거나 적극적으로 상황을 수용할 것이고, 그 결과 서사의 양상은 바깥 세계와의 외적 갈등이 심화될 것입니다.

반면 '소극적'이고 '닫힌 태도'를 취하는 인물들은 갈등을 해소하기보다는 계속해서 내적 고민하는 모습을 확인할 수 있었습니다. 『변신』의 잠자가 대표적인 예입니다. 그는 타인과의 갈등 속에서 소극적인 자세를 취함으로써 내적 갈등을 해소하지 못한 채 고립된 죽음을 맞이합니다. 만약 잠자의 태도가 달랐다면 저항의 정도가 달랐을 것이고, 갈등은 잠자로부터 가족들에게 전이되었을 것입니다. 그럼 우리가 알고 있는 『변신』의 스토리가 완전히 달라지겠지요.

이렇게 닫힌 태도의 인물은 갈등의 중심에 서거나, 변화의 필요성을 강조하는 역할을 합니다. 『변신』을 읽으면서 우리는 잠자에게 문제를 발견하려고 하지 않습니다. 무엇이 잠자를 그렇게 안타깝게 만들었는지, 잠자를 그렇게 만든 가족들이나 사회 구조 속에서 답을 찾으려고 애씁니다. 잠자의 해결하지 못한 갈등은 그렇게 독자의 몫이 됩니다.

- 갈등 해소 방향에 따른 서사의 흐름
  - 열린 태도(적극적) ① 맞서거나 ② 동조하거나 ⇒ 외적 갈등 심화
  - 닫힌 태도(소극적) ③ 회피하거나 ④ 타협하거나 ⇒ 내적 갈등 심화

WHY: 이야기는 무엇을 위해 쓰였는가?

이제 마지막 질문이 남았는데요, 바로 WHY입니다. 앞서 '패턴과 상징'에서 본 표면적 이유가 아닌 진짜 이유입니다. '이야기로 인해 우리는 무엇을 알 수 있는가? 갈등을 통해서 드러난 진짜 문제는 무엇인가? 작가는 과연 어떤 말을 하고 싶었는가?' 등 주제와 맞닿는 가장 중요한 질문이라고 할 수 있겠습니다.

저는 독서모임에서 '왜?'로 시작하는 질문을 자주 하곤 하는데, 책친구들이 가장 대답하기 힘들어하는 질문이기도 합니다. 사실 작가의 마음속에 들어갔다 나온 것이 아니고서야 우리는 정확한 답을 알 수 없습니다. 추정만 할 뿐이지요. 정답이 없기에 대답은 전적으로 독자의 몫입니다.

어쩌면 작가 또한 답을 알지 못할 수도 있습니다. 작가는 답을 내려주는 사람이 아니라 질문을 던지는 사람이니까요. 그렇기에 자신도 정말 궁금했던 질문을 작품 속에 해결되지 않은 채로 남겨 두어 독자들 스스로 생각하고 대답해 볼 것을 바라지는 않았을까요?

제가 좋아하는 작가 수전 손택이 쓴 『타인의 고통』에는 이런 말이 있습니다.

"뒤로 물러선 채 사색하는 것은 잘못된 일이 아니다. 옛 선인들의 말을 빌려 말해 보자면, 뭔가를 곰곰이 생각하면서 그와 동시에 누군가를 때릴 수는 없는 노릇이다."[1]

손택은 고통에서 멀찍이 떨어져 바라본다는 이유로 비난받는 사진 이미지에 대하여 한 말이지만, 저는 이 말을 이렇게 사용해 보겠습니다. 뒤로 물러선 채 사색하는 것이 잘못된 일이 아닌 것처럼, 답을 찾기 위해 반드시 즉각적인 반응이나 완벽한 대답이 필요하지는 않습니다. '왜?'라는 질문은 곧 우리가 세상을 깊이 이해하려는 시도이기 때문에, 그 자체로 사색을 촉발하는 중요한 출발점이 됩니다. 무언가를 곰곰이 생각하는 시간은 자신을 더 잘 이해하고, 다른 사람에 공감하며, 갈등 대신 대화로 나아가는 길을 열어 줍니다.

질문에 답하지 못하는 것은 무지나 실패가 아니라, 아직 답을 찾는 과정에 있다는 것을 의미합니다. 답을 찾는 것보다 질문을 진지하게 받아들이고, 그 질문이 내 안에서 울리는 소리를 들어 보는 것이 훨씬 더 중요합니다. 이것이 바로 제가 WHY를 묻고 구하는 이유입니다.

아리아드네의 빨간 실

옛날 옛적에 크레타의 왕 미노스에게는 아리아드네라는 어여쁜 딸이 있었습니다. 그녀는 테세우스를 보자마자 한눈에 반했지요. 아테네의 왕자인 그는 미궁에 가두어 놓은 미노타우로스에게 바쳐야 하는 인신 공양을 멈추기 위해 괴물을 죽이러 온 것인데요. 테세우스가 살아 돌아오지 못할 것을 염려한 아리아드네는 미궁을 설계한 다이달로스를 찾아가 도움을 요청합니다. 그러자 그는 붉은 실타래를 주면서 말합니다. "공주님, 미궁은 제가 만들었지만 저도 한번 들어가면 빠져나올 수 없습니다. 그러니 테세우스에게 이 실타래를 이용하라고 하세요. 실을 입구에 묶어 두고 안으로 들어가 괴물을 죽인 후에는 그대로 실을 감아 나오시면 됩니다."

이렇게 아리아드네의 실타래Ariadne´s Thread는 어려운 일을 해결하는 열쇠를 의미하게 되었습니다. 길을 잃고 헤매기가 십상인 미궁 속에서 실타래는 목적을 이루고 무사히 돌아갈 수 있는 표지이자 이곳이 어디인지 알아볼 수 있는 표지였지요. 진입이 어려운 소설을 만날 때면 저는 이것이 한 편의 복잡한 미궁이라고 생각합니다.

작가는 우리가 살아가는 거대한 세계의 한 부분을 도려내어 집약하고 압축해서 자신도 길을 잃을 법한 미궁을 만들었습니다. 그러니 책 한 권을 온전히 이해하기가 쉬운 일이 아닙니다. 아무리 꼼꼼하게 읽어도 이야기 여기저기에 파악하지 못한 여백이 존재했습니다. 어쩌다가 단숨에 출구를 찾아 나왔다면 오히려 그 미궁은 영 싱거운 것이 되고 말았습니다.

저는 이럴 때 상상력을 발휘해 봅니다. 책을 읽고도 남아 있는 여백을 자유로운 상상으로 채워 보는 겁니다. 물론 나의 상상이 맞는다는 보장은 없지만 불안해하지 않아도 되었습니다. 저에게는 아리아드네의 빨간 실이 있으니까요. 책을 읽으면서 친 밑줄들과 각종 표시는 미궁 속에서 빠져나갈 수 있는 표지가 되어 주었습니다.

내가 지금 걷고 있는 길이 제대로 된 길이 아니라고 의심이 될 때는 가까운 곳에 있는 아리아드네의 실을 찾아보시길 바랍니다. '길'이라는 것은 목적지에 도달하게 해 줄 뿐 아니라 경로 그 자체에도 의미가 있답니다. 우리가 헤매는 이 길은 모두 이어져 있고, 그곳에서 또 하나의 이야기가 탄생할 테니까요.

독서노트 만드는 법:

제 3 부

'독서 경험'을 기록하기 위해

독서를 기록하는 이유는 무엇일까요? 언제, 어떤 책을 읽었다는 사실을 기억하기 위해서인가요? 아니면 작가, 등장인물, 줄거리 등 정보를 기억하기 위해서인가요?

제가 독서를 기록하는 이유는 책을 잘 기억하기 위해서입니다. 사실이나 정보보다는 독서 경험을 잘 기억하는 것이 목적입니다. 책을 단순히 정보로 기억하려고 한다면 책을 읽은 경험마저도 정보로 기억됩니다.

그동안 읽은 책을 떠올려 보세요. '참 재밌었지' 혹은 '난 별로였어'처럼 책에 대한 감정만 남지는 않았나요? 저는 독서노트가 '독서 경험에 대한 기록'이길 바랐습니다. 이를 위해서는 나의 관점으로 텍스트를 해석하고, 나의 언어로 서사를 만들어 보는 작업이 중요합니다. 이런 과정을 거쳐야 하는 이유는 무엇일까요?

이야기는 삶을 서사화한 기록이기 때문입니다. 단순히 사실이나 감상을 표현하는 것은 서사라고 말할 수 없습니다. 서사는 맥락을 포함하기 때문에 나의 과거와 현재, 미래가 연결되어야 앞으로 나아갈 방향을 정할 수 있습니다. 모든 이야기는 이렇게 맥락을 가지고 시간의 연장선상에 놓여 있습니다.

독서의 기록도 마찬가지입니다. 단순한 정보가 아니라 맥락을 적는 겁니다. 기억을 적는 것으로 종료하는 것이 아니라 기록함으로써 새롭게 시작하는 것입니다. 이런 생각으로 독서노트에 '나의 이야기'를 적어 보았습니다. 그렇게 완성된 서사는 세계를 바라보는 시각을 확장하고, 나의 미래에 대한 방향성을 제시하였습니다.

① 작가가 드러내고 있는 것과 ② 드러내지 않은 것을 채운 나의 상상력 그리고 ③ 나만의 서사가 덧붙여지니 나만의 기록으로서의 가치가 만들어졌습니다. 이렇게 짜인 서사는 오래 기억에 남을 것입니다.

정리를 돕는 독서노트 구조 잡기

　지금부터 소개하는 독서노트법은 저의 언어로 재구성한 독서기록입니다. 참고하여 여러분도 저마다의 방식대로 '나만의 독서노트'를 만들어 보시기 바랍니다.
　큰 틀은 '5W1H 원칙'을 사용합니다. 먼저 노트 작성은 책을 다 읽은 후에, 만약 독서모임을 한다면 모임 종료 후에 작성할 것을 추천합니다. 독서를 하는 중간이나 독서를 끝낸 직후의 생각은 시간이 흐른 뒤에는 달라질 수 있기 때문입니다.

제목	작가	② 작가
① 제목	출판연도	③ 출판연도

배경 / 인물 / 사건
- ④ 시간적·공간적 배경
- ⑤ 참고할 만한 사건 or 사항
- ⑥ 인물들의 관계

Q&A

⑦ 질문하기
 – 답하기

도식화

⑧ 도식화

기억할 문장 / 참고 사항 등

⑨ 핵심 문장 또는 기억하고 싶은 문장
-
-

⑩ 참고 사항, 더 생각해 볼 문제, 나중에 다시 읽을 때 확인할 것들

① 제목 살피기

제목은 때로 작품의 모든 것을 말해 주기도 하며, 작품 해석의 열쇠 노릇을 합니다.

프랑수아즈 사강의 『브람스를 좋아하세요...』라는 제목을 주의 깊게 보았다면 본문의 "브람스를 좋아하세요?"라는 문장과 문장부호가 다르다는 것을 알 수 있습니다. 이런 점을 제목과 관련된 내용으로 적을 수 있습니다. 그런 다음 노트를 정리하면서 '아하! 작가는 이런 이유로 제목에 줄임표를 사용했겠구나' 하고 생각할 만한 단서를 찾아보는 겁니다. 또한 '작가는 처음부터 이 제목을 생각했을까, 아니면 소설을 다 쓰고 나니 마음이 바뀐 걸까?' 등의 질문으로 확대하며 소설에서 말하지 않은 내용의 여백을 적극적으로 상상해 봅니다.

알렉상드르 뒤마의 『삼총사』처럼 이야기의 반전을 띠는 제목도 심심치 않게 발견할 수 있습니다. 이 책을 읽다 보면 '왜 제목이 달타냥이나 사총사가 아니라 삼총사일까?'라는 질문이 떠오릅니다. 궁금증을 가진 독자는 해답을 찾기를 바라며 책을 읽습니다. 그러다 작은 단서를 만나면 적극적으로 그 이유를 상상합니다.

달타냥은 주인공으로 이야기를 이끌어 가지만, 삼총사가 보여 주는 이상적 가치에 동의하며 마침내 그들의 일원이 돼 정체성을 완성합니다. 뒤마는 개인의 성취나 업적보다 공동체의 연대감이 더 중요하다고 생각한 겁니다. 『삼총사』의 유명한 대사 "하나를 위한 모두, 모두를 위한 하나All for one, One for all"가 등장한 맥락은 바로 이런 이유일 것입니다.

제목에서 제가 특별히 살펴보는 부분은 '원제'입니다. 세계문학 특성상 제목은 출판사나 번역가의 의도를 따를 수밖에 없습니다. 그래서 간혹 원제와 전혀 다른 의미의 제목이 붙기도 합니다. 예를 들어 라우라 에스키벨의 『달콤 쌉싸름한 초콜릿』의 원제는 『Como agua para chocolate』인데, 직역하면 '초콜릿을 만들기 위한 물처럼'이란 뜻입니다. 멕시코 전통 방식으로 초콜릿 음료를 만들 때는 물을 아주 뜨겁게 끓여야 한다고 합니다. 그래서 이 제목은 주인공 티타의 뜨거운 열정과 강렬한 사랑을 표현하기도 하고, '끓어넘치기 직전의 아슬아슬한 심리 상태'를 보여 주기도 합니다. 『달콤 쌉싸름한 초콜릿』이라는 제목은 원제보다 훨씬 매력적이지만, 작품이 요리와 감정을 밀접한 매개체로 인식한다는 점을 고려하면 자칫 로맨틱한 내용이라는 오해를 살 수도 있겠다는 생각이 듭니다.

② 작가 살피기

작가를 살피는 것은 작품을 내부가 아닌 외부의 시선으로 보는 것을 말합니다. 작가의 생애나 주위 환경 등을 살핌으로써 작품에 영향을 주어 해석에 도움을 얻을 만한 것들을 파악하는 과정입니다.

③ 출판연도 적기

출판연도를 적으면 작품의 시대적 배경 파악에 도움이 됩니다. 출판연도를 기준으로 시대적 배경을 추정하기도 하고, 둘이 다르다면 '왜 하필 그때를 작품의 배경으로 하였는지'를 생각합니다.

커트 보니것의 『제5도살장』은 1969년도에 출판되었으나, 작품의 배경은 드레스덴 폭격이 있던 1945년입니다. 실제와 작품의 시대적 배경이 20년 이상 차이가 나는 이유가 무엇일까요? 보니것은 실제 참전한 기록을 바탕으로 소설을 썼습니다. 작가의 자전적인 이야기가 작품의 배경이라는 것을 생각하면, 20년 넘게 소설을 쓸 수 없었던 이유도 어렴풋이 짐작할 수 있습니다. '그 긴 시간 동안 작가는 무엇을 기억하려고 했고, 무엇을 묻어 두려 했을까? 자신의 경험과 시대의 고통을 기록함으로써 작가는 우리에게 무슨 말을 하고 싶었을까? 어쩌면 작가는 자기 자신을 위한 구원으로 이 소설을 쓴 것은 아닐까?' 등을 질문하며 말입니다.

이런 질문을 하고 나면 주인공 빌의 괴짜 같은 모습과 우스꽝스러운 상황 설정에 마냥 웃을 수만은 없게 됩니다. 마치 분장을 한 어릿광대의 슬픈 웃음을 본 것 같으니까요.

④ 시간적·공간적 배경 파악하기

작가는 자기를 둘러싼 세계에 관심이 많은 사람입니다. 작가는 보통 작품에서 자신이 속한 세계를 구현하지만 있는 그대로 그리지는 않습니다. 이야기를 극대화할 수 있는 방향으로 재구성하기 때문에 때로는 현실과 전혀 상관없는 가상의 세계를 만들어 내기도 합니다. 그러므로 작품을 해석할 때 배경을 파악하는 일이 우선되어야 합니다.

그런데 가끔 시간적·공간적 배경을 파악하기 어려운 작품들이 있습니다. 『브람스를 좋아하세요…』를 읽으면서 특정 배경을 알아차리기 쉽지 않습니다. 작가가 프랑스인이라는 것과 출판연도를 고려하여 '제2차 세계대전 이후의 파리'라고 추정해 볼 뿐이지요. 이렇게 배경이 두드러지지 않는 이유는 아마도 작가가 언급할 필요성을 느끼지 못했기 때문일 것입니다. 굳이 배경을 특정하지 않아도 전혀 문제가 되지 않는 이야기라는 뜻입니다. 이런 이야기들은 대개 보편적인 질문을 담고 있습니다.

⑤ 참고할 만한 사건이나 사항 적기

시간적·공간적 배경을 파악하다 보면 작품에 영향을 주는 사건이나 사항이 등장하곤 합니다. 이런 것들은 작품 해석에 영향을 줄 수 있으니 살피는 것이 좋습니다.

클레어 키건의 『맡겨진 소녀』는 그리 분량이 길지 않은 소설로, 배경을 특정할 만한 대목이 딱 한 번 등장합니다. 1981년 북아일랜드 분쟁으로 감옥에 수감된 아일랜드 공화주의자들이 정치범의 지위를 요구하며 단식 투쟁을 벌이는 뉴스가 그렇습니다. 불필요한 문장을 쓰지 않는 것으로 유명한 작가가 그 사건을 굳이 언급하다니 이상합니다. 참고할 만한 사건으로 제가 주목한 '북아일랜드 분쟁'을 찾아보니, 아일랜드 공화국이 영국에서 독립할 당시 영국에 남기를 선택한 얼스터 지방에서 이 분쟁이 시작되었다는 것을 알 수 있습니다.

그리고 보면 '맡겨졌다foster'라는 원제가 의미심장합니다. 한때 아일랜드 땅이었지만 지금은 영국 땅이 된 얼스터 지방은 소녀의 처지와 꼭 닮았습니다. 소녀의 혼란과 고민은 언젠가 자신이 온 곳으로 돌아가야 한다는 사실에서 나옵니다. 자신의 부모를 거절할 수도 없고, 지금의 편의와 호의에 익숙해질 수도 없습니다. 선택권이 없는 소녀의 처지는 이야기의 결말을 더욱 가슴 아프게 만듭니다.

⑥ 인물들의 관계 정리하기

필요하다면 등장인물의 이름을 단순 나열하는 것이 아니라 인물 간 관계를 한눈에 파악하도록 적습니다. 『위대한 개츠비』에서 삼각관계를 보이는 두 그룹 {톰-데이지-개츠비}, {톰-머틀-윌슨}을 묶어 보았습니다.

데이지를 사이에 둔 싸움에서 톰은 승리하고 개츠비는 몰락합니다.

마치 머틀을 사이에 둔 싸움에서 톰이 승리하고 윌슨이 몰락하는 것처럼 말입니다. 이렇게 묶고 보니 두 삼각 구도에서 패자인 개츠비와 윌슨 사이에 살인 사건이 일어난다는 사실이 더욱 씁쓸합니다. 머틀 역시 비극적인 결말을 맞지만, 앞으로 불행하게 살아갈 데이지의 처지도 크게 달라 보이지 않습니다.

그러고 보니 이 소설에서 삼각관계를 보이는 그룹이 또 하나 있습니다. 바로 {조던-닉-고향에 두고 온 여자 친구}입니다. 고향에 두고 온 여자 친구를 직접 언급하지는 않지만, 이들의 관계를 짐작하건대 닉은 여자 친구를 버리고 조던을 통해 물질적 부와 신분 상승을 바랐을 것입니다. 그러나 개츠비의 몰락을 곁에서 바라보며 모든 것이 헛되고 헛됨을 깨닫습니다. 이런 깨달음이 닉을 다시 고향으로 되돌아가게 합니다. 닉에게는 다른 선택을 할 기회가 주어진 셈입니다.

⑦ 질문하고 답하기

제 독서기록에서 가장 중요한 것은 바로 '질문하고 답하기'입니다. 저는 책을 읽으면서 자연스럽게 떠오른 질문들을 생각하고, 그중 가장 중요하고 이야기를 잘 드러낼 수 있는 질문(핵심 질문)을 하나만 적습니다. 처음부터 핵심 질문을 하기가 쉽지는 않을 겁니다. 처음에는 자유롭고 편하게 질문하되 점차 작가가 작품을 통해 우리에게 할 법한 질문과 일치하는 것을 목표로 합니다.

답을 할 때는 내 생각이 아니라, 밑줄 친 문장들을 다시 읽으면서 가장 답에 어울릴 만한 것을 골라 적습니다. 질문에 작가가 했을 법한 답변을 찾아 적는 겁니다. 필요하다면 여기에 적지 못한 질문과 문장들은 아래에 별도로 적기도 합니다. 이렇게 기록한 질문과 답은 독서모임에서 발제문으로 사용할 수도 있고, 도식화 작업을 할 때 방향성을 제시합니다.

⑧ 도식화하기

전체 이야기를 간단히 도식화하는 작업입니다. 이 과정은 이야기 논리 구조를 시각적으로 확인할 수 있도록 돕습니다. 주로 사용하는 유형은 다음과 같습니다.

• **수평형**

수평형 모델로는 시간순으로 사건을 정리하거나 사건을 나열하기에 좋은 '선형(목록형) 구조'와 여러 개의 사건이 동시에 비슷한 흐름으로 진행되는 '평행형 구조'가 있습니다. 『판탈레온과 특별봉사대』는 평행형 구조로 정리할 수 있는 대표적인 작품인데요. 소설은 주인공 판토하 대위와 프란사스코 형제가 비슷한 시기에 마을에 도착하는 것으로 시작하여 비슷한 전개 양상을 보이며 번갈아 서술됩니다. 두 사건을 나란히 적다 보면 그들이 마을에 오게 된 원래 목적과 수단의 공통점을 파악할 수 있습니다. 이렇게 두 사건의 진행 방식이 유사하다는 것은 두 사건이 가리키는 주제 역시 같다는 뜻입니다.

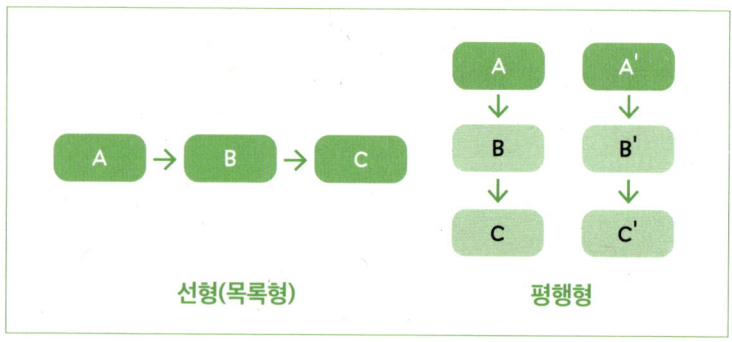

비슷한 구조의 작품>>

- **선형**: 『존재의 세 가지 거짓말』(아고타 크리스토프), 『작은 것들의 신』(아룬다티 로이)
- **평행형**: 『속죄』(이언 매큐언), 『죄와 벌』(도스토옙스키), 『마음』(나쓰메 소세키)

- **수직형**

수직형 모델에는 '피라미드형'과 '계층구조형'이 있습니다. 피라미드형은 인물들의 계급이나 신분의 차이를 드러내기 좋습니다. 대하소설처럼 시간이 흐르면서 세대가 교체되는 경우는 계층구조형 모델을 사용하면 편합니다. 가계도를 그려 놓고 인물의 특징을 간략하게 적어 두면 이야기의 흐름을 한눈에 파악할 수 있습니다.

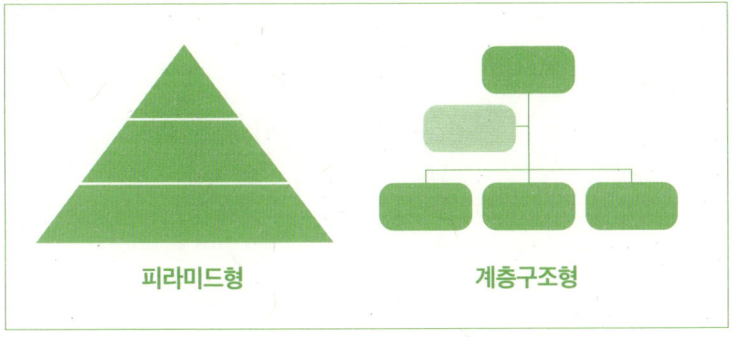

피라미드형   계층구조형

비슷한 구조의 작품>>

- **피라미드형**: 『폭풍의 언덕』(에밀리 브론테) 『1984』(조지 오웰), 『소송』(프란츠 카프카)
- **계층구조형**: 『닥터 지바고』(보리스 파스테르나크), 『작은 것들의 신』(아룬다티 로이), 『세피아빛 초상』(이사벨 아옌데)

※ 작은 것들의 신은 앞서 '선형' 구조의 작품으로 소개했지만, 관점에 따라 계층구조형으로 정리할 수도 있습니다. 그 예시는 126, 130페이지에 있는 위대한 개츠비의 구조를 참고해 주세요.

• **원형**

주인공이 여행을 떠났다 집으로 돌아오는 이야기는 '원형 구조'를 사용합니다. 여정 중에 만났던 사건이나 인물들을 원을 따라 적으면, 사건의 전개 과정과 주변 인물 파악에 좋습니다. '중심-주변부형 구조'는 특히 이중 구조를 정리하는 데 좋습니다. 하나의 이야기가 또 다른 이야기를 품고 있거나, 인물이 겉과 속이 다를 때, 혹은 공간적 배경을 일반 세계와 고립된 세계로 나누어 그릴 수도 있습니다.

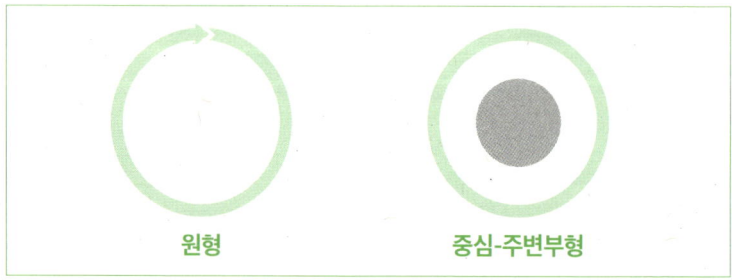

원형   중심-주변부형

비슷한 구조의 작품>>

- 원형(회귀형): 『싯다르타』(헤르만 헤세), 『남아 있는 나날』(가즈오 이시구로), 『이방인』(알베르 카뮈)
- 중심-주변부형: 『책 읽어주는 남자』(베른하르트 슐링크), 『다섯째 아이』(도리스 레싱), 『데미안』(헤르만 헤세)

- 관계형

인물들의 관계를 중심으로 '대칭형', '방사형', '벤 다이어그램', '키워드 확장형'으로 정리할 수 있습니다.

가장 일반적으로 사용하기 쉬운 대칭형 구조는 두 대상의 차이를 보여 주는 데 좋습니다. 인물의 관계를 파악하기 좋은 모델로는 방사형 구조와 벤 다이어그램이 있지요. 방사형 구조의 인물들은 공통점보다 차이점이 두드러지고 서로 독립적인 관계를 맺습니다. 반면 벤 다이어그램 구조의 인물들은 서로 겹치는 부분, 즉 공유하고 있는 속성이나 사건 등이 존재합니다. 마지막으로 키워드 확장형 구조는 핵심 키워드의 속성들 사이에 일정한 관계가 있을 때 사용합니다.

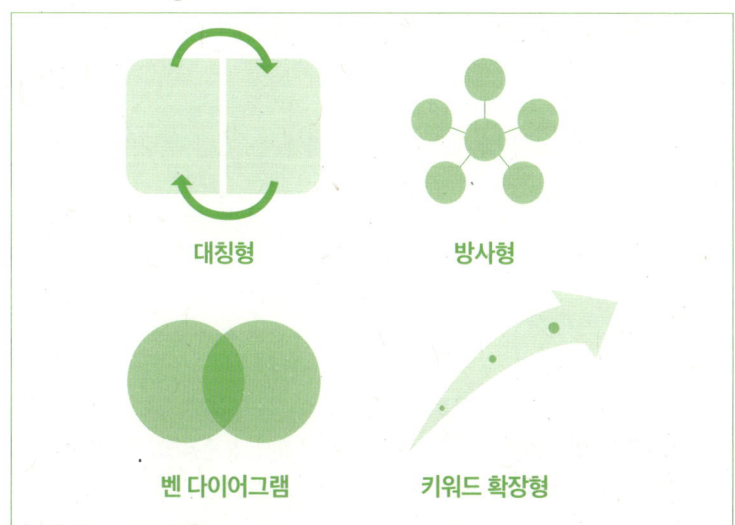

비슷한 구조의 작품>>

- **대칭형**: 『안나 카레니나』(레프 니콜라예비치 톨스토이), 『두 도시 이야기』(찰스 디킨스), 『참을 수 없는 존재의 가벼움』(밀란 쿤데라)
- **방사형**: 『순수의 시대』(이디스 워튼), 『올리브 키터리지』(엘리자베스 스트라우트), 『스토너』(존 윌리엄스)
- **벤 다이어그램**: 『오만과 편견』(제인 오스틴), 『노르웨이의 숲』(무라카미 하루키), 『벨아미』(기 드 모파상)
- **키워드 확장형**: 『예감은 틀리지 않는다』(줄리언 반스), 『연인』(마르그리트 뒤라스), 『사양』(다자이 오사무)

⑨ 핵심 문장 또는 기억하고 싶은 문장 기록하기

⑦번의 질문하고 답하기에서 선택하지 않은 핵심 문장이나 기억하고 싶은 문장을 적습니다. 다음에 다시 읽을 때 그 문장들을 확인하면서 처음 읽을 때와 느낌이 같은지 확인합니다. 달라졌다면 무엇이 나의 느낌을 다르게 하였는지 생각해 보는 의미가 있습니다.

⑩ 그 외의 내용 적기

참고 사항이나 더 생각해 볼 문제, 관련 도서나 영화 등 다시 읽을 때 도움이 될 만한 정보를 자유롭게 적습니다.

저는 책을 많이 읽는 것보다 한 권을 제대로 여러 번 읽는 것이 훨씬 좋다고 생각합니다. 예전에 읽은 책을 다시 보면서 '왜 여기에 밑줄을 쳤지?' 혹은 '이렇게 중요한 문장을 왜 못 보고 지나갔지?' 하는 생각에 자주 놀라지만요. 그러나 같은 책을 다시 만났을 때 분명히 더 많은 것이 보이리란 것을 알기에 오늘도 독서노트를 정리합니다.

책을 내 것으로 만드는 기록의 과정

지금부터는 실제로 제가 독서노트를 정리하는 과정을 소개합니다. 독서노트 쓰는 법에 정답은 없습니다. 노트에 적은 문장이 독자마다 다를 수 있고, 도식화를 할 때에도 서로 다른 구조를 선택해 정리할 수 있는 겁니다. 저는 열 명이 한 권의 책을 읽고 열 개의 질문과 열 개의 답이 나오기를 바랍니다. 하나의 이야기가 각자의 방식대로 이해되고 저마다의 모습으로 정리되는 것이지요.

1. 선형(목록형)으로 정리

브람스를 좋아하세요..., 프랑수아즈 사강, 1959 ①

- 제목의 줄임표는 당부? 자신 없음?
- 특정 시대 없으나 전후의 파리로 추정 ②

Q. 시몽은 왜 그런 질문을 했을까? ③
A. 저는 당신을 인간으로서의 의무를 다하지 않았다는 이유로 고발합니다. 죽음의 이름으로 사랑을 스쳐 지나가게 한 죄, 행복해야 할 의무를 소홀히 한 죄, 핑계와 편법과 체념으로 살아온 죄로 고독형을 선고합니다.[1] ④

- 도식화: 선형 ⑤

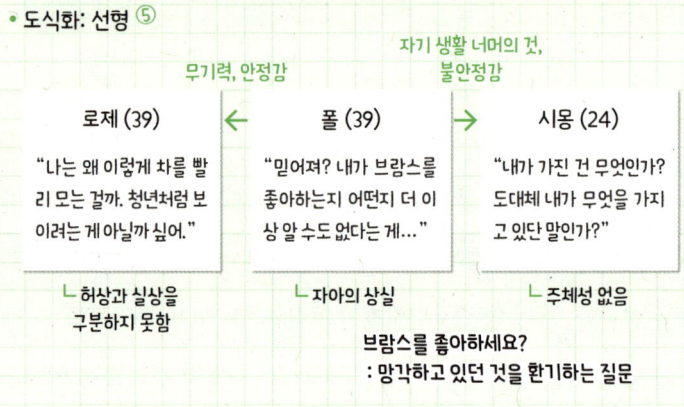

- 그녀는 자아를 잃어버렸다. ~ 브람스를 좋아하세요?라는 그 짧은 질문이 그녀에게는 갑자기 거대한 망각 덩어리를, 다시 말해 그녀가 잊고 있던 모든 것, 의도적으로 피하고 있던 모든 질문을 환기시키는 것처럼 여겨졌다. 브람스를 좋아하세요? 자기 자신 이외의 것, 자기 생활 너머의 것을 좋아할 여유를 그녀가 여전히 갖고 있기는 할까?[2] ⑥

- 폴은 왜 그런 선택을 하였는가?
  24살의 작가가 39살 주인공의 이야기를 하는 이유는? ⑦

① 프랑수아즈 사강의 『브람스를 좋아하세요...』는 1959년 출판되었습니다. 두 차례의 세계대전에 대한 전후 세대의 통렬한 비판을 가져오며 68혁명을 이끌었다고 언급되는 작품입니다. 앞에서 언급한 것처럼 본문과 달리 제목에 말줄임표가 사용되고 있음을 확인하며 ①번 항목을 적었습니다.

　② 본문에서 특정한 시간적·공간적 배경이 언급되지 않기 때문에 작가의 출신과 출판연도를 고려하여 전후의 파리로 추정해 적었습니다.

　③ 작품에는 주인공 폴과 그녀의 오랜 연인인 로제 그리고 폴의 마음을 흔드는 또 다른 남성 시몽이 등장합니다. 책을 읽는 내내 가장 궁금했던 것은 시몽이 폴에게 "브람스를 좋아하세요?"라는 질문을 한 이유였습니다. 두 번째로는 결말에서 폴의 선택 이유가 궁금했는데, 그 질문은 다음에 읽을 때 알아보고 싶어서 ⑦번 항목에 따로 적었습니다.

　④ 밑줄 친 문장 중 질문에 대한 대답에 가장 가까운 핵심 문장을 찾아 적었습니다. 이 대목에서 폴이 지금 망각하고 있는 것을 일깨우고, 더 행복하게 살기를 바라는 시몽의 안타까움을 읽을 수가 있었지요. '아! 시몽이 봤을 때 폴이라는 사람은 이렇게 보였겠구나. 시몽이 속한 전후 세대에서는 폴이 속한 전쟁 세대들이 이렇게 보였겠구나' 하는 생각을 했습니다. 폴을 사랑하는 시몽은 답답하면서도 안타까운 마음이었

을까요? 당신이 무엇을 좋아하는지 도대체 알고는 사느냐고 물으며 말이지요.

⑤ 선형 구조를 사용하여 주인공 세 사람을 적었습니다. 각 인물의 세대를 확인하기 위해 나이를 이름 옆에 적고, 각 인물의 성격이 드러난다고 생각하는 발언도 적었습니다. 저는 이렇게 인물의 말을 그대로 적기도 하는데, 기억하기 쉽고 재미있기 때문입니다. 인물들이 한눈에 비교도 됩니다. 잃어버린 젊음을 여전히 갈망하는 로제와 정체성을 잃고 방황하는 폴, 젊음을 손에 쥐었으면서도 가진 게 무엇인지 알지 못하는 시몽. 아마도 폴은 가운데에서 로제와 시몽을 비교하며 안정감과 열정 중 무엇이 자신에게 더 필요한가를 고민하였을지 모르겠습니다.

⑥ ③의 질문에 ④의 문장을 선택했지만, 질문의 대답으로 충분히 좋았던 다른 문장도 적었습니다.

⑦ 작품을 다 읽고 나서야 작가가 시몽과 같은 24살에 이 소설을 썼다는 사실을 알게 되었습니다. 그런데 왜 39살의 여성을 주인공으로 설정하였을까요? 작가는 시몽의 입을 빌려 폴에게 무슨 말을 하고 싶었을까요? 다음에 읽을 때는 답을 알 수 있기를 바라며 질문으로 남겨 두었습니다.

분량은 한 장 정도입니다. 처음에는 쓰는 데 시간이 만만치 않게 걸렸습니다. 하지만 익숙해지면 십여 분 남짓으로 시간이 단축됩니다. 생각을 많이 할수록 정리 시간이 줄더군요. 책을 읽고 바로 적기보다 충분히 생각을 한 후에 시도하는 것이 훨씬 도움이 되었습니다. 이렇게 노트를 작성하면서 깨달았습니다. 책을 많이 읽는 것보다 더 중요한 점은 생각을 많이 하는 것이라는 사실을요.

2. 평행형으로 정리

제5도살장, 커트 보니것, 1969 ①

- 베트남전쟁 중 뉴욕 ↔ 제2차 세계대전 중 드레스덴 ↔ 트랄파마도어 행성
- 드레스덴 공습(1945.2.13.) ~ 히로시마 원자폭탄 투하(1945.8.6.) ②
- 68혁명 – 반전시위와 결합한 기성세대와의 단절을 꾀하는 거대 문화운동 ③

Q. 빌리의 시간 여행은 진짜일까? ④

A. 물론 롯의 부인은 그 모든 사람들과 그들의 집이 있던 곳을 돌아보지 말라는 이야기를 들었다. 그러나 그녀는 기어이 뒤를 돌아보았는데, 나는 그 점 때문에 그녀를 사랑한다. 정말 인간적이기 때문이다. 그래서 그녀는 소금 기둥이 되었다. 뭐, 그런 거지.³ ⑤

- 도식화: 평행형 ⑥

고통에 직면하는 치유 과정 = 글쓰기

나(≒커트 보니것) → 빌리 필그림
　　　　　　　　　　시간 여행(고통을 이겨 내는 방법)

제2차 세계대전, 베트남전쟁 → 비행기 사고(1968)
폭격으로 인한 시체 광산 → 발렌시아의 죽음(일산화탄소 중독)
드레스덴 폭격 → 트랄파마도어 행성 납치(말할 수 없는 것)

- 전쟁은 아기들이 하고 있다는 것을 잊어버린 거야. 새로 면도한 저 얼굴들을 보았을 때 충격을 받았네. "맙소사, 맙소사. – 이건 소년 십자군이구나."⁴
- "왜 그걸 그렇게 오래 비밀로 했어야 했어요?", "동정심 많은 척하는 사람들이 그게 그저 멋진 일이 아니라고 생각했던 거지." 빌리 필그림이 분명하게 말을 한 것은 이때였다. "내가 거기 있었습니다."⁵ ⑦
- 빌의 "뭐, 그런 거지."라는 반복되는 말은 어떤 의도로 한 말일까?
- 이 작품이 당시 젊은이들에게 반문화의 상징이 된 까닭은? ⑧

① 커트 보니것의 『제5도살장』은 반전 소설이자 일종의 SF 소설로 드레스덴 폭격 한복판의 경험을 적은 자전적 소설이기도 합니다. 풍자와 블랙 유머로 유명한 작가가 이 작품에 붙인 제목은 주인공 빌리가 공습으로 초토화된 드레스덴에서 가까스로 죽음을 피한 장소입니다. 하필이면 돼지를 살육하는 도살장에서 홀로 살아남다니! 제목부터 벌써 아이러니하지요.

② 이 소설은 배경이 자주 왔다 갔다 하기에 정신을 단단히 차리고 읽어야 합니다. 먼저 이야기의 흐름대로 공간적 배경을 적었습니다. 베트남전쟁이 일어난 당시 뉴욕에서의 대화를 시작으로, 드레스덴 공습이 있었던 과거를 회상하는가 하면, 트랄파마도어 행성으로 시간 여행을 가기도 합니다. 뉴욕에서의 대화는 1960년대에 이루어지지만, 중심 사건은 '드레스덴 공습'이 있던 1945년 2월부터 히로시마 원자폭탄이 투하되는 8월까지여서 이 기간을 시간적 배경으로 적었습니다.

③ 이 책의 출판 당시에는 베트남전쟁 반전시위가 일어나고 있었고, 시위의 중심에는 '68혁명'이라는 거대한 문화적 흐름이 있었습니다. 작품에 큰 영향을 준 사건이라고 생각해서 간단한 설명을 적었습니다.

④ 책을 읽고 나서 질문이 많이 생겼지만, 그중에서 가장 이해가 쉽지 않았던 것은 빌리의 시간 여행이었습니다. 황당무계한 시간 여행은

주인공인 '나'가 쓴 소설일까? 아니면 주변 사람들의 의심대로 전쟁의 충격으로 미친 빌리의 상상일까? 이 질문은 소설 전체의 성격을 드러내는 중요한 질문인 것 같았습니다.

⑤ 질문의 단서를 찾기 위해 밑줄 친 핵심 문장들을 다시 훑었습니다. 그리고 '빌리가 미친 게 맞다'라는 결론을 내렸습니다. 드레스덴 공습 중 겪은 끔찍한 기억으로 그는 미치지 않고 살아가기가 어려웠을 겁니다. 빌리의 시간 여행은 고통스러울 때마다 기억을 잃는 일종의 회피였을까요? 그러한 단서를 가진 문장들은 꽤 많았지만, 저를 사로잡은 문장은 소설의 초반에 등장하는 '나'와 친구 부인의 대화였습니다. 소금 기둥이 된 롯의 부인 이야기는 친구 부인을 연상시켰고, 그녀가 보여 주었던 인간성은 글쓰기를 결심한 '나'가 가장 중요하다고 생각해 온 문제였습니다. 그래서 저는 이 소설을 '인간성'에 방향을 맞춰 정리했습니다.

⑥ 이 소설은 '나'가 쓰는 소설 속 주인공 '빌리'의 이야기입니다. 흔히 말하는 이중 구조, 액자식 구성입니다. 그런데 작가인 커트 보니것과 소설을 쓰는 '나' 사이에도 유사점이 많습니다. 드레스덴 공습의 한복판에 서 있었다는 것, 훗날 그 이야기를 소설로 쓴다는 것이 그렇습니다. 이런 이유로 이 세 사람-작가인 커트 보니것, 소설가 '나', 소설 속 주인공 빌-은 전부 한 사람인 셈입니다. 작가의 경험이 '나'에게 투

영되었고, '나'에게 일어난 사건이 '빌'에게 투영되었으니까요.

이런 설정은 작가가 자신의 경험을 작중 인물에게 투영하는 글쓰기 과정과 닮았습니다. 그래서 저는 평행형 구조를 선택해 '나'와 '빌리 필그림'의 이야기를 함께 나열했습니다. '나'의 경험이 '빌리'에게 어떻게 투영되었는지를 확인할 수 있도록 말입니다. '나'가 겪은 전쟁은 빌리의 이야기에서 비행기 사고로 변형되어 나타납니다. 이때부터 빌리에게 이상한 일이 벌어지고 급기야 외계인에게 납치가 된 것으로 설정되지요. 이렇게 평행형 구조는 하나의 이야기를 닮은 또 다른 이야기를 비교할 때 사용하면 좋습니다.

⑦ 소설을 읽으면서 '왜 내가 이런 고통을 받아야 했을까?' 수없이 고민했을 커트 보니것이 상상되었습니다. 작가의 글쓰기 작업은 고통에 정면으로 대항하고자 하는 해결책이자, 어른들의 전쟁으로 희생된 수많은 어린 생명들에 대한 목격자로서의 의무였습니다. 이런 생각이 드러난 문장들을 적었습니다.

⑧ 궁금했으나 해결하지 못한 질문을 적었습니다. 반복해서 나오는 "뭐, 그런 거지."라는 대사를 어떻게 생각해야 할지 도통 모르겠더라고요. 또한 앞서 살펴본 '68혁명'과 연관 지어 더 생각해 볼 문제도 함께 적었습니다.

3. 피라미드형으로 정리

부서진 사월, 이스마일 카다레, 1980 ①

- 알바니아(그리스·로마 → 오스만 → 이탈리아·독일·소련의 지배) 고원지대
- 1978년 3월 17일부터 4월 17일까지 ②
- 그조르그–알리 비낙–피의 관리인–대공 / 베시안·디안 부부–측량기사– 의사 ③

Q. 카눈은 사람들을 속박하는가? 자유롭게 하는가? ④
A. 피의 법칙에서 벗어났으나 망각의 먼지로 뒤덮인 조용한 삶과, 떨리는 시침 실처럼 한끝에서 다른 한끝으로 번쩍이며 흐르는, 위험하기는 하나 죽음의 광휘로 장식된 삶 중에서 어느 것이 더 나은지 말할 수 없게 되었음을 그는 느꼈다.⁶ ⑤

- 도식화: 피라미드형 ⑥

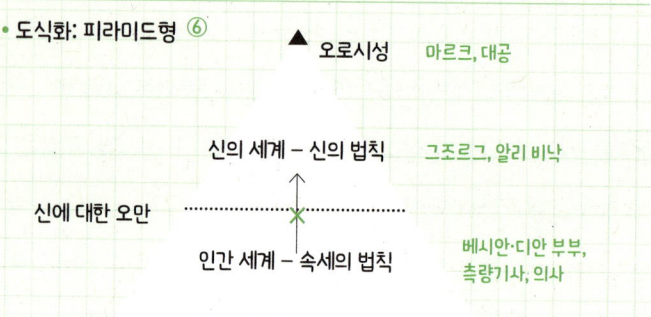

- 당신의 책, 당신의 예술에서는 범죄의 냄새가 나오. 불행한 산악 지방 주민들을 위해 무엇을 하기는커녕, 당신은 관객이 되어 그들의 죽음을 구경하고, 재미있는 소재나 찾고 있소. ~ 한 민족 전체를 피비린내 나는 연극을 공연하도록 몰아넣고는, 당신은 귀부인들과 함께 박스석에서 연극을 관람하는 거요.⁷ ⑦
- 나는 법과 제도, 관습으로부터 얼마나 자유로운가?
- 그조르그는 햄릿일까? ⑧

① 『부서진 사월』은 우리에게 생소한 알바니아 출신 작가 이스마일 카다레의 작품입니다. 사월이 부서지다니 참 오묘한 표현이네요. 꽃 피는 사월에 도대체 무슨 일이 있었기에 부서졌다고 표현한 걸까요. 출판연도를 확인하니 예상보다 최근이었습니다. 그러나 작품 속 세상은 '이게 정말 1980년도에 일어날 수 있는 일이라고?'라는 의문이 들 정도로 놀라웠습니다. 아무래도 소설의 배경인 알바니아 정보를 찾아봐야겠습니다.

② 알바니아는 발칸반도에 있는 작은 나라라고 합니다. 그리스·로마 제국의 침략에 이어 오스만 제국, 이탈리아, 독일, 소련의 지배를 받은 곳입니다. 그런 작은 나라에서도 도시와 멀고 고립된 고원지대를 배경으로 하는 소설이라는 것도 주목할 만합니다.

시간적 배경은 본문에 확실하게 나타납니다. 주인공인 그조르그가 살인을 저지른 1978년 3월 17일부터 정확히 한 달 동안의 일입니다. 한 달은 고원지대의 관습법인 카눈에 있는 그조르그의 안전이 보장된 시간이기도 합니다.

③ 그조르그와 땅 경계의 분쟁을 해결해 주는 알리 비낙, 오로시성에 사는 '피의 관리인'과 대공은 카눈의 법칙을 따르는 고원지대의 사람들입니다. 그러나 신혼여행으로 이곳을 찾은 베시안·디안 부부, 알리 비낙을 돕는 측량기사와 의사는 속세의 법과 관습을 따르는 도시 사람

들입니다. 두 부류로 구분을 지어 적었습니다.

④⑤ 소설을 읽으면서 가장 궁금한 점은 '왜 알바니아 고원지대 사람들은 원시적으로 보이는 카눈을 지키며 사는 것일까?'입니다. 카눈이 고원지대를 지키는 절대적 법칙이라면 그들이 카눈을 지켜야 할 합당한 이유가 있다는 말이겠지요. 그럼 카눈은 그것을 지키는 사람들을 속박하는가? 그렇지는 않았습니다. 오히려 어떤 면에서는 굉장히 공평해 보이는 부분도 있으니까요. 베시안과 디안 부부는 바로 이런 점에 매혹된 것처럼 보입니다. '카눈은 그들에게 어떤 의미일까. 카눈이 존재하는 이유는 무엇일까?' 이런 생각으로 질문을 적었습니다. 그리고 죽음을 앞둔 그조르그가 한 달이라는 시간에 대하여 고민하는 장면의 문장을 대답으로 선택했습니다.

⑥ 공간적 배경만으로도 이 소설은 쉽게 도식화할 수 있었습니다. 현실의 삶을 살아가는 인간 세계와 그 위에 사는 고원지대의 사람들, 그리고 그보다 더 높은 오로시성에 살면서 고원지대의 모든 것을 좌지우지하는 대공과 '피의 지배인' 마르크. 삼각형 구도를 선택해 그 관계를 그려 보았습니다. 그러고 보니 이들은 각자 속한 세계의 법칙을 따라 살아야 안전한 사람들입니다. 하지만 베시안 부부는 강렬한 호기심에 이끌려 다른 세계로 경계를 넘어서고 말았습니다. 그리스·로마 신화의 많은 사례를 떠올려 보면 신들이 그들을 가만히 놔둘 리가 없습니

다. 결국 디안이 나중에 일종의 벌을 받는 것도 같은 맥락일 것입니다.

⑦ 이런 맥락을 뒷받침할 만한 문장을 골라 적었습니다. 알리 비낙이 베시안에게 충고하는 장면의 문장들입니다. 작가인 베시안은 왜 고원지대에 관심을 두게 되었을까요? 알리 비낙의 눈에 베시안은 고원지대를 마치 연극 무대처럼 바라보았습니다. 한 발짝 떨어져서 그들의 비극을 흥미롭게 지켜본 겁니다. 그러한 태도는 신들이 인간 세계를 바라보며 취하던 자세와 꼭 닮았습니다. 또한, 고원지대 사람들의 고통은 방관하고 획득할 피의 양에 집착하며 자신들의 세계가 무너질 것을 염려하는 오로시성의 사람들과도 비슷합니다.

⑧ 저를 반성하게 한 질문을 적었습니다. '나는 과연 법과 제도, 관습으로부터 얼마나 자유로운가? 이런 세계 안에서 사는 것은 어떤 의미가 있는가? 사람들은 왜 저마다의 관습을 지키며 살아가고 있을까?' 또한 그조르그가 햄릿처럼 고뇌하는 인물이라는 생각도 들었습니다. '죽느냐, 사느냐'가 아닌 '죽여야 하느냐, 마느냐'의 갈림길에서 말이지요. 다음에 다시 읽을 때는 이 질문들을 떠올리며 읽어야겠습니다.

4. 계층구조형으로 정리

파친코, 이민진, 2017 ①

- 1910년 한일 합병 ~ 1989년까지
- 부산 영도와 오사카 이카이노(한인 밀집 지역) ②
- 자이니치 – 재일 교포, 한국적 또는 조선적 ③

Q. 노아는 왜 그런 선택을 하였는가? ④
A. "니가 조선인인 게 그리 싫나?", "내가 되는 게 싫습니다." ⁸

- 도식화: 계층구조형(가계도) ⑤

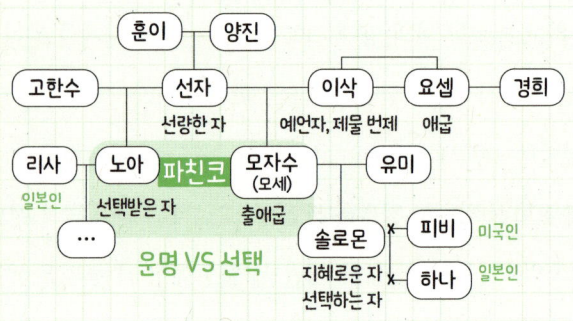

- "노아한테 가망이 없다면 왜 지가 고생했십니까? 왜 지가 애써야 했십니꺼? 지가 그리 모자랐다면, 그리 용서받지 못할 실수를 했다면. 그거는 엄마 잘못이겠네예?" ⁹
- 하지만 선자는 아들이 나쁜 씨를 물려받았다고 믿지 않았다. ~ 노아는 규칙을 모두 지키면서 최선을 다하면 적대적인 세상이 바뀔 수 있다고 믿는 감수성이 예민한 아이였다. 노아의 죽음은 그런 잔인한 이상을 믿게 내버려 둔 선자의 잘못인지도 몰랐다.¹⁰ ⑥
- 읽어 볼 책 – 베네딕트 앤더슨, 『상상된 공동체』 ⑦

① 재일 교포들의 삶과 애환을 담은 『파친코』입니다. 한국계 미국인인 작가 이민진은 영어로 이 소설을 썼습니다. 작가의 성장 환경과 경험이 작품에 어떻게 영향을 주었을지, 사투리가 많이 등장하는 대화의 번역이 어떨지, 읽기 전부터 궁금증이 엄청나게 생겼습니다.

② 소설의 배경은 1910년 한일 합병부터 1989년까지입니다. 꽤 오랜 시간을 세대에 걸쳐 이야기를 들려줍니다. 공간적 배경은 주인공인 선자의 고향 부산 영도와 그녀가 일본으로 건너가 거주하는 오사카입니다.

③ '자이니치'의 이야기를 담고 있으니 용어도 찾아보았습니다. 이들이 어느 정도의 연령이 되었을 때 국적을 스스로 선택해야 한다는 사실이 안쓰러웠습니다. 소설은 이런 상황에 대한 의문과 고찰이 중심 소재로 사용되고 있습니다.

④ 『파친코』를 읽는 동안 가장 충격적인 사건, '노아의 선택'에 의문을 가질 수밖에 없었습니다. 질문을 적은 다음 답을 하지 못하고 가계도를 먼저 그려 가며 노아를 이해하려고 많이 노력해야 했습니다. 그러고 나서야 답변이 될 것 같은 문장을 골랐습니다. 노아의 한恨이 짙게 서린 문장이라고 생각했습니다.

⑤ 세대에 걸쳐 펼쳐지는 이야기는 주로 가계도를 그리면서 파악합니다. 복잡한 혈연관계를 그려 놓은 뒤 각자의 이름이 가지는 의미를 적었습니다. 등장인물의 이름을 성경에서 따왔으니, 인물의 특성 역시 같을 거라고 추정해 본 것입니다. '선자'라는 이름은 그녀가 정직해서 좋다는 한수의 말에 비춰 볼 때 '선량한 자'라는 뜻이 아닐까 싶었어요. 이렇게 인물의 특징을 적고 보니 작품 속 역할과 잘 맞아떨어졌습니다. 특히 선자의 아들들인 노아와 모자수의 인생과 성격은 비교가 되었습니다. 이들의 삶은 '후손에게 무엇을 전달해야 하는가'의 문제, 즉 '기존 세대로부터 무엇을 이어 나가야 할 것인지'를 생각하게 했습니다. 노아만 생각하면 그의 선택을 쉽게 비난할 수 없지만, 시간이 지나 후대에 이르러 결론적으로 좋지 않은 선택이 되고 말았습니다.

⑥ 추가 문장으로는 노아를 바라보는 두 개의 시선을 적었습니다. 나쁜 핏줄이 따로 있다는 선자 어머니의 시선과 노아를 굳게 믿으면서도 자기 잘못 때문에 이런 일이 생겼을지 모른다고 후회하는 선자의 마음을 드러내는 문장입니다.

⑦ '죄의식은 왜 사람을 이렇게 힘들게 할까. 죄를 지었어도 진심으로 사죄하고 열심히 살면 안 될까? 어떤 사람들은 큰 죄를 지어도 잘만 살고, 또 어떤 사람들은 자기 잘못으로 생긴 일이 아님에도 불구하고 그 오점을 이겨 내지 못한다. 하지만 오점 없이 사람이 살 수 있을까?

그들이 이겨 내지 못한 것은 죄의식일까? 아니면 자존심일까?' 이렇게 많은 질문과 생각들이 이어졌지만, 일단 『상상된 공동체』를 읽고 나면 뭔가 정리될 것 같았습니다. 이민진 작가가 책에서 언급한 참고 문헌입니다. 베네딕트 앤더슨의 책을 읽은 후에 『파친코』를 다시 보면 어떨지 기대가 됩니다.

5. 원형으로 정리

맡겨진 소녀, 클레어 키건, 2010 ①

- 1981년 아일랜드 웩스퍼드 카운티 ②
- 북아일랜드 분쟁 – 아일랜드 공화국이 영국에서 독립할 당시 얼스터 지방이 영국에 남은 데에서 비롯된 분쟁 ③

Q. 소녀는 남고 싶었을까? 돌아가고 싶었을까? ④
A. 아저씨가 손을 잡자마자 나는 아빠가 한 번도 내 손을 잡아 주지 않았음을 깨닫고, 이런 기분이 들지 않게 아저씨가 손을 놔줬으면 하는 마음도 든다. 힘든 기분이지만 걸어가다 보니 마음이 가라앉기 시작한다. 나는 집에서의 내 삶과 여기에서의 내 삶의 차이를 가만히 내버려 둔다.¹¹ ⑤

- 도식화: 원형 ⑥

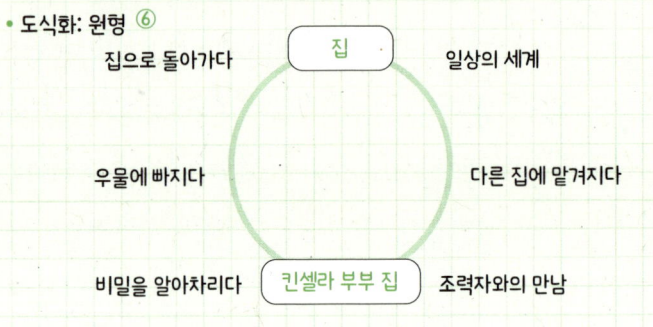

- "넌 너무 어려서 아직 모를 뿐이야." 이 말을 듣자마자 나는 아주머니가 다른 사람들이랑 똑같다는 사실을 깨닫고, 집으로 돌아가서 언제나처럼 모르는 일은 모르는 채로 지내고 싶다고 생각한다.¹²
- 우리는 계속 걷다가 절벽과 암벽이 튀어나와 바다와 만나는 곳에 도착한다. 이제 앞으로 갈 수 없으니 돌아가야 한다. 어쩌면 여기까지 온 것은 돌아가기 위해서일지도 모른다.¹³ ⑦
- 영화 제목은 왜 〈말 없는 소녀〉일까?
- 소녀가 우물에 빠진 것은 사고일까? 소녀의 의도였을까? ⑧

① 2010년에 출간된 클레어 키건의 『맡겨진 소녀』는 200페이지가 채 안 되는 얇은 책이어서 쉽게 읽을 수 있습니다. 하지만 담고 있는 내용은 결코 만만찮아 두고두고 읽어도 좋은 소설입니다.

② 작품은 1980년대의 아일랜드 남동부 지방에서 일어나는 일을 다룹니다. 공간적 배경으로 등장하는 소녀의 집과 킨셀라 부부의 집은 마치 시골과 도시처럼 환경이 다릅니다.

③ 시대적 배경을 알 수 있는 단서는 '아일랜드 공화주의자들이 감옥에 수감된 이후 자신의 권리를 주장하며 단식 투쟁을 한다는 뉴스'입니다. 아일랜드 독립 당시 북아일랜드의 일부 지방은 독립을 거부하고 영국에 귀속되는 것을 택하였는데, 이에 반발한 공화주의자들이 계속해서 하나의 아일랜드 공화국을 만들고자 했습니다 이것이 '북아일랜드 분쟁'입니다.

④ 『맡겨진 소녀』를 독서모임에서 읽고 이야기를 나눌 때 우리는 모두 소녀가 킨셀라 부부의 애정과 사랑 아래 있기를 바랐습니다. 당연히 소녀에 대한 측은함 때문이었지요. 하지만 그러느라 소녀에게 선택권이 이미 없다는 사실을 깜박 잊었습니다. 작품 속 소녀는 가라면 가고, 오라면 와야 하는 상황입니다. 그 아이에게 "이 집이 좋아? 저 집이 좋아?"라고 묻는 것이 어떤 의미가 있을까요? 그래서 소녀의 마음속

갈등에 초점을 두고 질문을 만들어 보았습니다. 선택권이 없어 더더욱 복잡했을 소녀의 감정을 헤아리기 바라면서 말입니다.

⑤ 애정을 받아 보지 못한 아이는 킨셀라 부부에게 뜻밖의 선물을 받고 당황합니다. 이 관심을 내가 받아도 되는지 혼란스럽고, 어차피 내 것이 아닐 바에야 흔들어 놓지 않기를 바랐을 수도 있습니다. 그러나 소녀는 결국 애정을 있는 그대로 받아들이기로 합니다. 그제야 아이는 아빠가 왜 내 손을 잡아 주지 않았는지 의문이 들기 시작했습니다. 집에서만 있었다면 알 수 없었을, '아빠'라는 사람에 대하여 객관적으로 보게 되는 시점이기도 합니다. 이 소설은 이러한 차이에 혼란스러워하는 소녀의 문장으로 가득 차 있습니다.

⑥ 집에서 떠났다가 돌아오는 이야기는 원형 구조로 표현하기 좋습니다. 소녀가 길을 떠나 여러 시험을 받고 보상을 받아 집으로 돌아오는 일종의 '영웅의 여정'으로 정리했습니다. 소녀는 킨셀라 부부의 죽은 아이 옷을 입었다는 사실에 동요합니다. 비밀이 없어 보이는 집에도 비밀이 있다는 사실을 알게 된 겁니다. 그러나 비밀을 들키고 난 후 킨셀라 아저씨의 태도는 솔직하고 감동적입니다. 그러한 태도가 소녀를 더 이상 동요하지 않게 만들었을 것입니다.

⑦ 자신을 환대하는 아주머니 역시 다른 사람과 다를 게 없다거나,

결국 돌아가야 하는 자신의 처지를 끊임없이 되새기는 소녀의 안쓰러운 마음을 떠올리며 적은 문장들입니다.

⑧ 이 작품은 〈말 없는 소녀〉라는 제목으로 영화화되었습니다. 말수가 적은 소녀를 부모는 살갑지 않다며 별로 좋아하지 않았지만, 킨셀라 부부는 할 말만 하는 귀한 성격이라고 칭찬합니다. 영화를 보면서 감독은 왜 제목을 변경하였는지, 영화와 원작이 무엇이 다른지, '말이 없다'라는 것이 어떤 뜻인지 생각해 보고 싶었습니다. 더불어 독서모임 당시 의견이 분분하여 결론이 나지 않았던 질문인 '소녀가 우물에 빠진 것은 사고일까? 소녀의 의도였을까?'를 추가로 적었습니다.

6. 중심-주변부형으로 정리

모래의 여자, 아베 코보, 1962 ①

- 1950년대 일본의 한 부락
- 사구: 모래의 끊임없는 유동성, 불모성을 뜻함 ②

Q. 니키 준페이는 왜 탈출을 거부하는가? ③
A. 그들이 노래하고 싶은 것은 왕복표 블루스다. 편도표란 어제와 오늘이, 오늘과 내일이 서로 이어지지 않는 맥락 없는 생활을 뜻한다. 그렇게 상처투성이 편도표를 손에 쥐고서도 콧노래를 부를 수 있는 것은 언젠가는 왕복표를 거머쥘 수 있는 사람에 한한다.14 ④

- 도식화: 중심-주변부형 ⑤

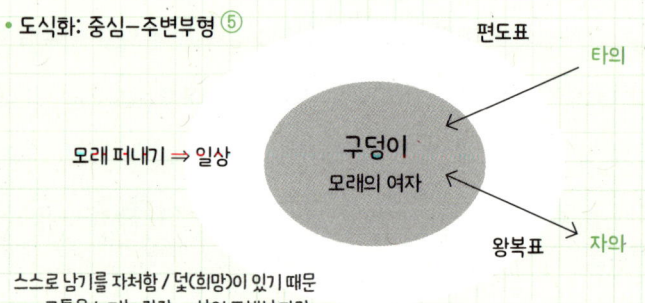

스스로 남기를 자처함 / 덫(희망)이 있기 때문
 - 고통을 느끼는 감각 - 삶의 주체성 자각

- 십몇 년 전, 저 폐허의 시절에는 모두들 한결같이 걷지 않아도 되는 자유를 찾아 광분하였다. 그렇다고 지금 걷지 않아도 되는 자유에 식상했다고 단언할 수 있을까? 실제로 너 역시 그런 환상을 상대로 한 귀신 놀이에 지친 나머지 이런 사구를 찾아오지 않았던가……15
- 모래의 변화는 동시에 그의 변화이기도 했다. 그는 모래 속에서 물과 함께 또 하나의 자기 자신을 발굴해 냈는지도 모른다. ~ 여전히 구멍 속에 있음에는 변함이 없는데, 마치 높은 탑 위에 올라 있는 듯한 기분이다. ~ 구멍 속에 있으면서 이미 구멍 밖에 있는 것이다.16 ⑥
- 일상에서 감각을 깨운 채 살아가는 방법은 무엇인가? ⑦

① 『모래의 여자』는 1962년 아베 코보가 쓴 작품입니다. 사전 정보가 없이 독서모임으로 읽게 되었는데 '일상과 권태, 고통과 자각' 등 현대인의 고충을 다루고 있어 요즘과 잘 맞는다고 생각하며 재밌게 읽었습니다.

② 배경은 1950년대 일본의 사구砂丘가 있는 부락입니다. 부락部落은 '마을'을 의미하지만, 주로 시골 마을을 가리킵니다. 특히 일본에서는 지역을 낮춰 부르는 말로 사용되기도 해 일제강점기 때 한국인들이 모여 사는 곳을 '부락'이라고 불렀습니다. 도시 사람인 주인공 준페이는 회사에서 휴가를 얻어 취미인 곤충채집을 하기 위해 이곳을 찾습니다. 부락에서도 특히 사구라는 공간은 중요한 역할을 하는데요. 모래 구덩이에 사는 한 여성과 그곳에 자발적으로 내려간 준페이 그리고 그들의 운명을 좌지우지하는 마을 사람들은 도대체 어떤 관계일까요?

③ 준페이는 하룻밤 쉴 곳을 찾기 위해 모래 구덩이에 제 발로 내려왔지만 나갈 때는 마을 사람들의 도움이 필요합니다. 그런데 그들은 어떤 연유에서인지 그를 그곳에 가두어 놓았고, 준페이는 끊임없이 탈출 시도를 합니다. 그러나 막상 탈출 방법을 찾은 이후에는 탈출을 거부해 마을 사람들뿐 아니라 독자까지 당황스럽게 만듭니다.

④ 왕복표와 편도표를 들고 있는 사람의 차이에 대한 대목이 흥미

로워 답변으로 밑줄을 그었습니다. 읽을 때는 그저 재밌는 분석이라고 생각했는데 결말을 보니 완전히 다르게 보였습니다. 모래 구덩이를 오고 갈 수 있는 왕복표와 일방행인 편도표. 비록 편도표를 들었지만 마음만 먹으면 언제든지 왕복표를 가질 수 있는 사람이 부르는 콧노래. 준페이는 모래 구덩이라는 절망스러운 현실 속에서 마침내 희망을 거머쥔 것일까요? 아무 때나 오고 갈 수 있다면야 굳이 탈출에 목숨을 걸 필요도 없을 것입니다.

⑤ 일종의 이중 구조를 가진 공간적 배경을 바탕으로 부락 안의 사구를 그려 보았습니다. 모래 구덩이 안에는 '모래의 여자'를 중심에 두고, 화살표로 왕복표와 편도표의 방향을 표시했습니다. 왕복표와 편도표의 차이는 자의와 타의의 관계에 있다고 봤습니다. 타의에 의해 구덩이에 놓인 준페이는 절박하게 탈출을 꿈꿉니다. 이곳에 계속 있다간 모래의 여자가 그랬듯이 이내 환경에 적응하여 매일 모래 퍼내기나 반복하며 살아갈 것입니다. 그러나 준페이는 '덫'을 놓아 우연히 물을 구할 수 있게 되었고, 더 이상 마을 사람들에게 도움을 구걸할 필요가 없게 됩니다. 그는 당장 구덩이를 떠날 수 있게 되었지만, 이상하게도 잔류를 선택합니다. 자신도 모르게 모래의 여자를 사랑하게 된 것일까요? 구덩이 속 소소한 일상의 무언가가 그를 그렇게 만든 것일까요?

⑥ 모래의 여자는 걷지 않아도 되는 자유를 선택해 살아온 지 오래

인 사람입니다. 준페이는 그런 사람을 가장 경멸하는 사람이었습니다. 회색인들같이 단조로운 일상을 사는 회사 사람들과는 달리, 휴가를 내 곤충채집이라는 취미를 위해 이곳까지 온 그였으니 말입니다. 하지만 자신 역시 그들과 크게 다르지 않은 삶을 살았음을 깨닫는 장면이 있습니다. 그것을 기록하기 위해 문장을 적었습니다. '자유는 결국 마음의 문제'라는 더 중요한 깨달음을 얻는 장면의 문장도 추가하였습니다. 희망이 있다면 구덩이 안에 있어도 밖에 있는 마음과 같고, 희망이 없다면 밖에 있더라도 구덩이 안과 같은 마음이 들 테니까요.

⑦ 작가는 일상 속에서 늘 깨어 있으라고 말합니다. 자꾸 무뎌지는 감각을 깨우는 방법에는 무엇이 있을까요? 책에서 언급했듯이 '고통'이 답이 될 수 있을까요? 더 이야기를 나눌 필요가 있어 보여 추가 질문으로 남겼습니다.

7. 대칭형으로 정리

위대한 개츠비, F. 스콧 피츠제럴드, 1925 ①

- 1920년대 뉴욕(월스트리트, 롱아일랜드, 잿더미 계곡)
- 재즈시대, the roaring 20s ②
- 제이 개츠비(제임스 개츠)-데이지-톰, 톰-머틀-윌슨, 닉 캐러웨이, 조던 ③

Q. 개츠비는 왜 위대한가? ④

A. 그에겐 정말 대단한 것이 있었다. 1만 마일 밖의 흔들림까지 기록하는 지진계처럼 그는 인생에서 희망을 감지하는 고도로 발달된 촉수를 갖고 있었다. ~ 희망, 그 낭만적 인생관이야말로 그가 가진 탁월한 천부적 재능이었으며, 지금껏 그 누구도 갖지 못했고 앞으로도 그러할 성질의 것이었다.¹⁷ ⑤

- 도식화: 대칭형 ⑥

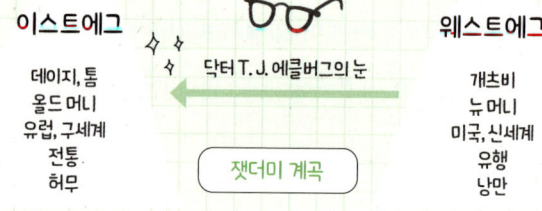

- 현실성이라는 것이 얼마나 비현실적일 수 있는지, 이 세계의 기반이라는 것이 요정의 날개 위에도 든든하게 세워질 수 있다는 것을 보여 주는 하나의 보증 같은 것이었다.¹⁸
- 그는 과거에 대해 떠들었고, 나는 그가 어떤 것, 자기 자신에 대한 어떤 생각, 즉 데이지를 사랑하도록 만든 그것을 되찾고 싶어 한다는 것을 깨달았다. ~ 그가 말한 모든 것은 나로 하여금 아주 오래전에 어디선가 들었던 무언가를 떠올리게 했다. 그러나 결국 그것은 말이 되어 나오지 않았고, 거의 떠올릴 뻔했던 기억 속의 그것은 영원히 소통 불가능한 것으로 남았다.¹⁹ ⑦
- 목적은 수단을 정당화할 수 있는가? ⑧

① F. 스콧 피츠제럴드의 『위대한 개츠비』는 1920년대 미국의 분위기를 가장 잘 보여 주는 작품으로 손꼽힙니다. 이 작품은 워낙 유명하기도 하고, 무엇에 중점을 두고 읽는지에 따라 여러 유형의 구조를 사용하기 좋아 '대칭형'과 '방사형' 구조로 각각 정리했습니다.

② 작품의 배경은 1920년대 뉴욕의 롱아일랜드입니다. 서술자인 닉의 근무지이기도 한 월스트리트는 1차 세계대전 이후 돈이 급격하게 유입되는 입구였습니다. 이때를 틈타 많은 사람들이 뉴욕으로 몰려들었습니다. 각종 뒷거래와 사기가 판을 쳤고, 개츠비 역시 이때 한몫 단단히 챙긴 것으로 보입니다. 있는 사람들은 돈을 물 쓰듯 썼고, 물질적 부를 위해서라면 모든 것이 가능하다고 생각한 시대. 사람들은 이 시대를 'the roaring 20s', 모든 것이 으르렁거리는 시대 혹은 흥청망청 흥겨운 '재즈시대'라고 불렀습니다.

③ 개츠비의 원래 이름은 '제임스 개츠'였습니다. 개츠비는 개명을 해 다시 태어나기를 바란 인물입니다. 그와 톰은 데이지를 가운데 두고 삼각관계를 보입니다. 마찬가지로 톰과 윌슨은 머틀을 사이에 두고 삼각관계입니다. 두 관계에서 승자는 모두 톰입니다. 이 게임에서 피해를 보는 것은 패자인 개츠비와 윌슨, 그리고 머틀입니다. 이 게임은 아무래도 철저하게 돈으로 승부가 나는 듯 보입니다.

④ 질문으로는 '개츠비는 왜 위대한가?'를 적었습니다. 다소 뻔하지만, 예전에 혼자 읽을 때부터 도저히 알 수 없었던 질문이기도 합니다. 노트를 적다 보면 실마리를 잡을 수 있지 않을까요?

⑤ 답변에 해당하는 핵심 문장을 사실 쉽게 찾을 수 있었습니다. 비교적 전반부에 나오는 유명한 이 대목은 닉이 개츠비에게서 보았던 '희망'을 말하고 있습니다. 낭만적 인생관은 당시 사람들이 잃어버린 순수한 마음을 가리키고, 그것이 미국인들이 끊임없이 되찾고 싶은 원형이라는 것. 저는 이 답을 진심으로 이해하기를 원했던 것 같습니다.

⑥ 데이지-톰 부부가 살던 '이스트에그'와 개츠비의 집이 있는 '웨스트에그'는 지리만큼이나 완벽하게 대칭을 이루고 있습니다. 당시 이스트에그에는 전통 귀족들, 이른바 올드 머니 old money가 몰려 살았고 웨스트에그에는 개츠비처럼 신흥 부자들, 뉴 머니 new money가 살았습니다. 마치 유럽의 전통과 역사를 부러워하는 미국의 역사처럼 말입니다. 그러나 작가는 톰 부부를 통해서 돈이 많지만 삶은 얼마나 지루하고 허무한가를 보여 주고 있습니다. 반면 개츠비는 불법으로 돈을 모았고 이름도 학력도 모두가 거짓이지만, 그의 '낭만'만큼은 진실했고 그것이 삶을 뜨겁게 했을 거라는 짐작을 할 수 있습니다. 비록 그 '낭만'이 자기 자신을 위해 만들어진 뒤틀린 낭만일지라도 말입니다. 두 세계의 사이에는 윌과 머틀이 사는 '잿더미 계곡'을 그려 넣었습니다. 계곡을

내려 보는 거대한 안경 광고 '닥터 에클버그의 눈'과 개츠비가 이스트 에그를 향해 손 뻗게 한 초록 불빛도 추가해 보았습니다.

⑦ 소설에 등장하는 모든 사람은 하나같이 위태로워 보입니다. 이런 상황에서 어떻게 사는 것이 삶을 의미 있게 할까요? 그들은 무엇을 잃어버린 채 사는 것일까요? 그것이 '낭만'일까요? 그렇다면 여기서 말하는 '낭만'은 우리가 생각하는 그 낭만이 맞을까요? 그들의 믿음이 얼마나 기반 없는 것인지, 개츠비의 낭만적인 사랑은 데이지를 향한 것인지 아니면 자기 자신을 향한 것인지. 파멸할 줄 알면서도 무엇이 자꾸 우리로 하여금 그러한 선택을 하게 만드는지. 여러 가지 질문에 대한 근거가 될 법한 문장들을 적었습니다.

⑧ 개츠비가 위대하지 않다고 생각하는 가장 큰 이유는 아마도 그의 불법성일 것입니다. 목적이 숭고했다 한들 수단을 정당화할 수 있는가? 이 질문은 읽을 때마다 논란의 여지가 있을 것 같습니다. 개츠비를 위해 조금 변명하자면 이 시대가 좀 정신 나간 시대였다는 겁니다. 지금 우리의 도덕적 관념으로는 이해하기 어려운 시대. 보다 많은 것들을 낭만이라는 이름으로 부를 수 있었던 시대인 것입니다. 그 시대를 살지 않고서 섣불리 말하는 것은 마치 팔짱을 끼고 방어적인 자세로 책을 내려다보는 태도와 비슷합니다. 팔짱을 풀고 좀 더 넉넉한 마음으로 인물을 품어 보는 것이 작품 해석에 더 도움이 될 것입니다.

8. 방사형으로 정리

위대한 개츠비, F. 스콧 피츠제럴드, 1925
- 1920년대 뉴욕 (월스트리트, 롱아일랜드, 잿더미 계곡)
- 재즈시대, the roaring 20s
- 제이 개츠비(제임스 개츠)–데이지–톰, 톰–머틀–윌슨, 닉 캐러웨이, 조던

Q. 개츠비는 무엇을 사랑했는가? ①
A. 개츠비는 그 초록색 불빛을 믿었다. 해가 갈수록 우리에게서 멀어지기만 하는 황홀한 미래를. 이제 그것은 자취를 감추었다. 그러나 뭐가 문제겠는가. 내일 우리는 더 빨리 달리고 더 멀리 팔을 뻗을 것이다…… 그러면 마침내 어느 찬란한 아침…… 그러므로 우리는 물결을 거스르는 배처럼, 쉴 새 없이 과거 속으로 밀려나면서도 끝내 앞으로 나아가는 것이다."20 ②

- 도식화: 방사형 ③

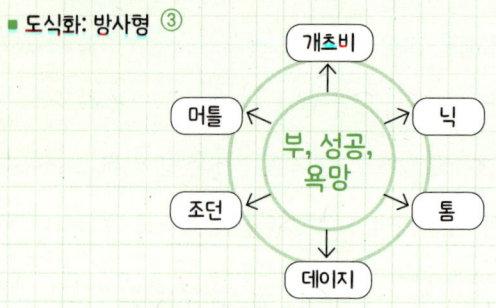

- 그녀의 마음 한구석에선 언제나 어떤 결단을 요구하는 목소리가 소리치고 있었다. 그녀는 자기 인생이 당장 그럴듯한 모습으로 자기 앞에 나타났으면 하고 바랐다. 결정은 자신이 아닌 다른 무언가가 내려 주어야 했다. 사랑, 돈 혹은 재고의 여지가 없는 현실 같은 것들이 바로 그것이었고, 그것들은 모두 손만 뻗으면 닿는 곳에 있어야 했다.21

- "누군가를 비판하고 싶을 때는 이 점을 기억해 두는 게 좋을 거다. 세상의 모든 사람이 다 너처럼 유리한 입장에서 있지는 않다는 것을."22 ④

① 이번에는 개츠비의 진심에 대한 의문을 질문으로 적어 보았습니다. 도대체 그가 사랑한 것은 무엇인가? 데이지에 대한 온전한 사랑이 전부인가? 질문이 바뀌었으니 구조 역시 설명하기 좋게 바뀌어야겠지요? 인물이 각각 독립된 개체의 성격을 가지는 방사형 구조를 선택하였습니다.

② 대답으로는 소설의 마지막에 나오는 유명한 문장을 골랐습니다. 그가 사랑한 초록색 불빛, 그것은 데이지와 데이지가 상징하는 부와 신분, 계층의 상승 등등이 될 수 있습니다. 그러나 배는 물결을 거스르고, 뒤로 밀리면서도 계속해서 앞으로 나아갈 것이고 우리 역시 배처럼 앞으로 나아가려고 달릴 것입니다. 마치 개츠비처럼 말입니다.

③ 개츠비가 바랐을 법한 부, 성공, 욕망을 가운데에 적고 나니 다른 인물들도 저절로 떠올랐습니다. 사실 그들 모두는 원하는 것이 같습니다. 이 작품에서 인간관계의 중심은 인간에 있지 않습니다. 오히려 그들이 가진 돈, 신분 같은 것들이 그들을 대신하는 것으로 보입니다. 방사형 구조로 그려 놓으니 서로가 서로를 바로 보지 못하고, 자신의 바람을 한 꺼풀 씌운 채 바라보고 있다는 것이 드러납니다.

④ 데이지의 욕망이 드러나는 문장과 이 모든 것을 미리 경고한 닉 아버지의 말을 추가로 적었습니다.

9. 벤 다이어그램으로 정리

달과 6펜스, 서머싯 몸, 1919 ①

- 1900년대 런던 → 파리 → 타히티섬 ②
- 스트릭랜드 부인(런던) - 더크, 블란치(파리) - 아타(타히티섬)
- 화가 고갱을 소재로 쓴 소설 ③

Q. 찰스 스트릭랜드는 어떤 사람인가? ④
A. 그는 인간을 그로테스크하게 보는 듯했다. 인간이 그로테스크했기 때문에 인간에 대해 분노를 느꼈다. 인생은 우스꽝스럽고 지저분한 일들의 뒤범벅이고 웃기에 적합한 소재였다. 하지만 웃으려니 슬펐다.²³ ⑤

- 도식화: 벤 다이어그램 ⑥

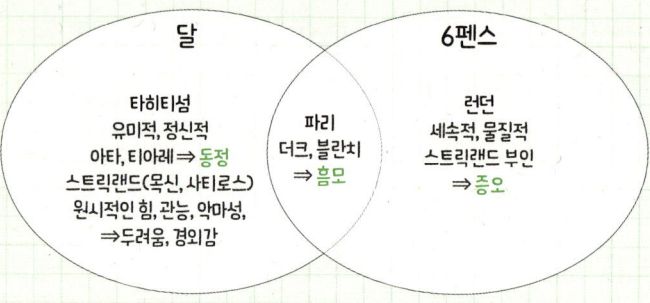

- 그것은 감추어진 자연의 심연을 파헤치고 들어가, 아름답고도 무서운 비밀을 보고 만 사람의 작품이었다. 거기에는 원시적인 무엇, 무서운 어떤 것이 있었다. 인간 세계의 것이 아니었다. 악마의 마법이 어렴풋이 연상되었다. 그것은 아름답고도 음란했다.²⁴
- 하나님의 연자매는 느리게 돌지만, 가루는 아주 곱지요.
   ~ 악마도 언제나 제 좋을 대로 성경을 인용할 수 있다.²⁵ ⑦
- 스트릭랜드는 왜 작품을 불태웠는가?
- 과연 누가 악마인가? 나는 그를 동정하는가? 증오하는가? 흠모하는가? ⑧

① 『달과 6펜스』는 서머싯 몸의 대표작으로 인간의 모순과 예술에 대한 욕망을 말하는 강렬한 소설입니다. 제목만 보고서는 어떤 얘기인지 알 수 없지만, 제목만으로도 독자를 궁금하게 만드는 매력이 있습니다.

② 소설의 배경은 크게 셋으로 구분할 수 있습니다. 1900년대의 런던에서 만난 주인공 스트릭랜드와 서술자 '나'는 파리에서 다시 재회합니다. 시간이 흘러 '나'는 타히티섬으로 떠난 스트릭랜드의 삶에 대한 이야기를 들은 후 런던으로 돌아옵니다.

③ 공간에 따라 스트릭랜드를 바라보는 시각을 달리하는 것이 좋을 것 같아, 장소와 그곳에서 만난 인물들을 적었습니다. 또한, 이 소설은 프랑스 후기 인상파 화가 고갱을 모델로 한 것으로 알려져 있습니다. 고갱의 삶을 더 알고 싶어서 별도로 적었습니다.

④ 『달과 6펜스』를 읽고 이야기를 나누다 보면 결국 스트릭랜드를 어떻게 이해하느냐가 가장 중요하다고 생각합니다. 1900년대에 쓰인 소설인 만큼 지금 세대의 일반적인 견해와 일치하지 않는 부분이 있기에 이 질문에 대한 다양한 견해를 생각해 볼 필요가 있습니다.

⑤ 스트릭랜드가 어떤 사람인지를 알기 위해서는 그가 사람들을 어떻게 바라보는가를 먼저 파악해야 합니다. 주변 인물들이 스트릭랜드

를 평가하는 말보다 본인의 말과 행동이 인물의 해석에 직접적인 도움이 되기 때문입니다. 그래서 이에 힌트를 주는 문장을 적었습니다.

⑥ 벤 다이어그램을 이용해 셋으로 나뉜 공간의 관계를 설정하였습니다. 런던과 타히티섬의 세계는 제목인 『달과 6펜스』만큼 대조적이지만 파리는 중도적인 태도를 보이지요. 각 세계를 대표하는 인물들을 쓰고, 그들이 스트릭랜드를 대하는 태도를 적었습니다. '달'이 표상하는 유미적인 세계에 속하는 스트릭랜드는 '목신, 사티로스' 같은 단어로 묘사됩니다. 그것은 원시적인 힘을 과시하고, 사람들에게 두려움을 가져오는 한편 대단히 관능적으로 보이기도 하지요. 같은 세계에 포함된 '아타'나 타히티섬 사람들은 그런 그를 동정합니다. 그러나 반대의 세계인 런던에 사는 스트릭랜드 부인과 가족들은 그를 경멸합니다. 흥미로운 것은 더크와 블란치의 태도입니다. 두 부부는 각자 다른 양상으로 스트릭랜드를 흠모하게 됩니다. 초기 더크의 맹목적인 태도나 블란치의 지나친 경계는 '흠모'의 양가성을 보여 줍니다.

⑦ 두 번째로 궁금한 질문은 '스트릭랜드는 왜 희대의 작품을 만들어 놓고 불태웠을까?'였습니다. 그래서 단서가 된다고 생각한 문장을 적었습니다. 인간 세계의 것이 아닌, 두려울 정도로 아름다운 작품을 완성한 스트릭랜드는 그것으로 족하지 않았을까요? 이미 목적은 달성하였으니 이 작품이 가지는 위험을 알고 미리 처치했거나, 아니면 작

품과 함께 세상에서 사라지고 싶었던 건 아닐까 추측해 봅니다.

⑦번에 적은 두 번째 문장은 결말에서 언급되는 '하나님의 연자매'를 더 알고 싶어 적었습니다. 스트릭랜드의 아들은 왜 이 구절을 언급했을까? 그 말을 듣는 '나'는 왜 "악마도 언제나 제 좋을 대로 성경을 인용할 수 있다."라고 말했을까? 생각하다 보면 '진짜 악마는 과연 누구인가?'라는 질문에 이르게 됩니다.

⑧ ⑦번에 적은 문장에서 도출된 질문 두 개를 정리했습니다. 언젠가 『달과 6펜스』를 다시 읽을 때 집중해야 할 부분이기도 합니다.

10. 키워드 확장형으로 정리

달콤 쌉싸름한 초콜릿, 라우라 에스키벨, 1989 ①

- 원제 Como agua para chocolate: 더 이상 참을 수 없는 심리 상태나 상황을 의미
- 1980년대 멕시코 ②
- 티타 – 페드로 – 존 / 마마 엘레나 – 로사우라–헤르트루디스 ③

Q. 티타는 왜 존이 아닌 페드로를 선택했을까? ④
A. 식탁과 침대로의 단 한 번의 초대[26] ⑤

- 도식화: 키워드 확장형 ⑥

담요: 티타가 결혼식 때 쓰려고 떴으나 페드로가 로사우라와 결혼한 이후 슬플 때마다 뜸, 티타의 한기를 막아 주지 못함

성냥 반죽 chapter 6 (유일하게 제목이 요리 이름이 아닌 장): 존의 할머니가 전해 주는 성냥 이론
"사람들은 각자 살아가기 위해 자신의 불꽃을 일으켜 줄 수 있는 것이 무엇인지 찾아야만 합니다."

불꽃: "성냥을 하나씩 켜도록 주의해야 해요. 몸 안의 성냥들이 모두 한꺼번에 타오르면 강렬한 광채가 일면서 평소 볼 수 없었던 그 이상이 보이게 됩니다. ~ 영혼은 축 늘어진 육체를 뒤로한 채 다시 돌아가고자 할 테지요."

- 고독과 불면증에 시달리던 긴긴밤에 떴던 커다란 담요를 찾아 뒤집어쓰기 위해 티타는 벌떡 일어나 달려갔다. 그 담요는 30만 제곱미터나 되는 농장 전체를 뒤덮고도 남았다. 티타는 책상 서랍에서 존이 선물했던 성냥갑을 꺼냈다. 몸 안에 많은 성냥이 필요했던 것이다.[27] ⑦
- 티타가 사랑하는 것 = 페드로, 부엌, 요리 = 사람들을 먹이고 돌보는 것
- 티타는 성냥팔이 소녀일까?(소설의 결말 부분과 성냥팔이 소녀를 비교해 볼 것)
- 마마 엘레나와 티타와의 관계, 티타와 나머지 자매와의 관계는 어떠한가? ⑧

① 멕시코 작가 라우라 에스키벨의 『달콤 쌉싸름한 초콜릿』은 '요리 문학'이라는 독특한 장르를 선보이며 사랑과 요리법을 매끈하게 이야기로 연결하는 작품입니다. 이 작품은 원제와 번안된 제목의 느낌이 달라 일부러 적었습니다.

② 소설 속 배경은 1980년대의 멕시코입니다. 따라서 내용의 성차별적 요소나 발언에 집중하기보다 멕시코 여성들에 대한 열악한 대우와 노동 환경 등을 고려하면서 책을 읽으면 좋습니다. 이런 식으로 시간적·공간적 배경을 이해하면 작품의 의도 파악에 도움이 됩니다.

③ 티타를 사랑하는 페드로와 존을 한 묶음으로, 티타와 혈연관계에 있는 여성들인 마마 엘레나와 자매 둘을 묶어 표기하였습니다. 이 두 집단은 티타의 삶에 가장 큰 영향을 미칩니다.

④ 이 작품을 읽으면 주로 여성의 삶과 관련된 다양한 질문이 떠오릅니다. 저는 그중에서도 티타의 선택에 의구심이 들었습니다. 페드로가 아닌 존을 선택했다면 어쩐지 티타가 더 잘 살 수 있을 것이라는 생각을 했거든요. 그래서 이 질문을 적었습니다.

⑤ 질문에 답을 찾으려고 밑줄 친 문장들을 반복적으로 훑어보다가 발견한 문장입니다. 단 한 줄의 문장이지만 바로 이것이 티타가 존이

아닌 페드로를 선택한 이유라면 말이 되었습니다. 티타에게 페드로는 단 한 번의 초대 상대였으니까요. 그렇다면 존을 선택하지 않은 이유와 티타와 페드로의 서로를 향한 열정도 더불어 이해가 됩니다.

⑥ 비슷한 이미지를 가진 '담요'와 '성냥 반죽'이 어떻게 '불꽃'까지 확장되는지를 키워드 확장형 구조로 그려 보았습니다. 티타가 슬플 때마다 뜬 담요는 결말에 이르러 농장을 다 덮을 정도의 크기로 자라나게 됩니다. 그러나 그녀의 한기를 조금도 가시게 하지 못합니다. 이 소설의 특징 중 하나가 각 장의 제목으로 멕시코의 전통 음식이 나오고 간단한 레시피가 나온다는 것인데, 이상하게도 6장의 제목만 '성냥 반죽'입니다. 이 장에서는 존의 할머니가 알려 준 성냥 반죽 레시피와 함께 그녀의 당부 사항이 등장합니다. 사람은 살기 위해 몸속의 불꽃을 필요로 하지만, 그 불꽃에 영혼을 빼앗길 정도로 잠식당하지 않도록 조심해야 한다는 당부였습니다. 왜 이 소설의 결말에서 농장을 다 태워 버릴 정도로 큰 불꽃이 일어났는지도 짐작할 수 있었습니다.

⑦ ⑥의 설명을 뒷받침할 만한 또 다른 좋은 문장이 있어 적었습니다.

⑧ 티타의 선택을 이해하기 위해서는 티타가 어떤 사람인지를 먼저 이해해야 합니다. 그녀에게 '돌봄'은 어떠한 의미가 있는가? 우리가 보기에는 그녀가 지나치게 부당한 대우를 받고 있다고 생각할 수 있지

만, 티타는 부엌에 있을 때 가장 편안함을 느끼는 사람이기도 합니다. 그래야 마마 엘레나에 대해서도 다른 시각을 가질 수 있습니다.

'불꽃'을 키워드로 잡고 보니 그녀가 마치 성냥팔이 소녀 같다는 생각이 들었습니다. 너무 추워 성냥을 켰더니 불꽃 속에서 원하던 것을 보았고, 그것이 좋아 계속해서 켜다 보니 마침내 돌아가신 할머니를 만난 소녀 말이지요. 소녀는 행복한 듯이 웃음을 지으며 죽은 채 발견되었습니다. 티타 역시 불꽃 속에서 자신이 원하던 것을 찾았고 분명히 행복했으리라 믿습니다. 오히려 의심이 들었던 것은 어머니와 자매들과의 관계였습니다. 이를 이해하려면 멕시코 문화를 이해해야 할 것 같아 추가로 메모했습니다.

11. 자유롭게 정리

태평양을 막는 제방, 마르그리트 뒤라스, 1950 ①

- 1940년대 캄보디아 남중국해 캄 평야
- 1863년 프랑스령 인도차이나로 편입, 1953년 독립, killing field ②

Q. 제방이 의미하는 것은? ③

A. 어머니는 삶을 무한히 사랑했고, 삶을 향한 지칠 줄 모르는 치유 불가능한 희망이 지금의 어머니를 만들었다. 어머니는 바로 그 희망에 절망했다. 28 ④

- 도식화: 자유롭게 정리하기 ⑤

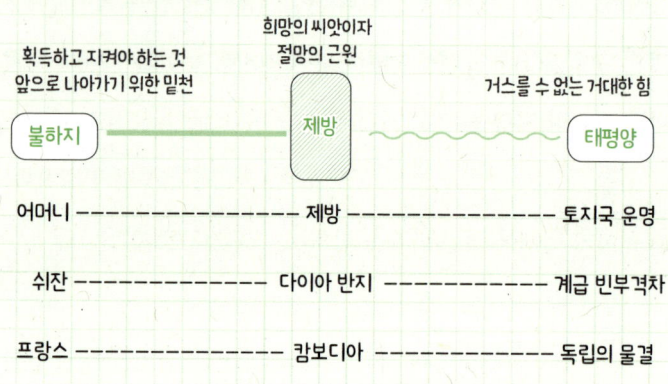

- 농부들은 조금 놀랐다. 우선 수천 년 전부터 바다가 들판을 침범하는 일에 너무도 익숙해진 그들은 바다를 막을 수 있다는 생각을 단 한 번도 해 본 적이 없었다. 29
- 밤이 이슥해졌다. 농부들은 그들이 완전히 떠나는 것을 보고 나서 집에 돌아가려고 기다리고 있었다. 아이들은 해가 사라질 때 이미 집으로 돌아갔다. 오두막에서 아이들이 재잘거리는 감미로운 소리가 들려왔다. 30 ⑥

- 『노인과 바다』와 비교하기 ⑦

① 1950년에 발표한 뒤라스의 『태평양을 막는 제방』은 1984년에 발표한 『연인』의 초기작으로 볼 수 있습니다. 두 권을 함께 읽으면서 작가의 전기와 후기 집필 과정을 비교하는 것도 재미있지만, 단독으로 읽어도 얘기할 것이 많은 작품입니다.

② 소설은 1940년대 프랑스의 식민지였던 캄보디아가 배경입니다. 캄보디아는 후에 인도차이나로 편입되었다 독립합니다. 하지만 독립 과정에서 내전이 일어나 많은 사람들이 사망한 가슴 아픈 역사를 가지고 있습니다. 그리고 보면 이 작품 속에는 진짜 이 땅의 주인들이 잘 보이지 않습니다. 주인공 가족처럼 본토를 떠나 남의 자리를 대신 차지한 사람들의 이야기를 읽고 있노라면 그들이 왜 이곳까지 왔으며, 그것이 이야기 전개에 어떤 영향을 미치는지 생각해 보게 됩니다.

③ '제방'은 농사를 지을 수 없는 불하지를 전 재산을 들여 구입한 어머니가 어떻게든 살아 보려는 노력의 수단입니다. 하지만 태평양의 거대한 힘을 이길 수 없는 제방은 쌓아도 쌓아도 자꾸 부서집니다. 실패를 거듭할수록 제방에 대한 어머니의 집착은 심해집니다. 어머니에게 '제방'은 과연 어떤 의미였을까요?

④ ③번에 적은 질문을 떠올리며 읽다 딱 맞는 구절을 발견했습니다. 다른 사람들에게 제방은 실패를 의미했지만, 제방 쌓는 일을 그만

두었다가는 어머니가 할 수 있는 일은 아무것도 없게 됩니다. 역설적으로 제방은 어머니에게 희망이었고, 그 희망은 그녀를 절망에 빠지게 만듭니다.

⑤ 이런 덧없는 희망은 어머니에게만 있었을까요? 주인공 가족은 형편이 그리 넉넉하지 못합니다. 형편이 좋았다면 기회를 찾아 캄보디아로 오지도 않았을 것입니다. 그나마 있던 재산은 불하지를 매매하면서 다 날려 버렸습니다. 그런 환경에 놓인 딸 쉬잔 역시 자기에게 관심을 보이는 부유한 중국인 남자에게서 희망을 봅니다. 사랑하지 않더라도 그와 결혼한다면 단번에 계급과 빈부격차에 대한 고민을 해결하게 될 테니까요.

태평양의 거대한 파도를 막아 보려는 제방을 자유롭게 그린 뒤 어머니와 제방, 쉬잔과 다이아 반지의 관계를 아래에 적었습니다. 이제 조금 더 확대해 생각해 봅시다. 이 가족들의 이야기는 당시 프랑스의 이야기이기도 합니다. 식민지를 늦게까지 소유하고 있었던 나라 중 하나인 프랑스에 캄보디아의 독립은 탐탁하지 않은 일이었을 겁니다. 그러나 세계적 흐름은 거스를 수 없고, 이 땅은 진짜 주인에게 돌아가야만 합니다.

⑥ 태평양의 거대한 파도를 막아 볼 생각도 하지 못했던 캄보디아 농부들의 시선과 어머니의 모습을 바라보는 아들 조제프의 시선이 담

겨 있는 문장을 골라 보았습니다. 절망할 것을 알면서도 우리는 왜 희망에 집착하게 될까? 희망 때문에 절망하는 삶과 희망이 아예 없는 삶, 어떻게 사는 것이 더 나은 삶일까? 노트를 적다 보니 희망에 대한 더 깊은 고민이 뒤따라옵니다.

⑦ 고민이 깊어질수록 어머니의 모습이 마치 헤밍웨이의 『노인과 바다』에 나오는 노인을 닮았다는 생각이 들었습니다. 부딪쳐 얻게 되는 것이 비록 절망일지라도, 날이 밝으면 다시 바다로 나가고 마는 노인과 어머니는 인간의 위대함을 보여 주는 걸까요? 아니면 어리석음을 보여 주는 걸까요?

여러 번 읽어도 마음을 종잡을 수 없을 좋은 책 『태평양을 막는 제방』까지 정리하며 독서노트법을 마무리합니다. 과정을 모두 보여 주기 위해 내용을 자세히 적었지만, 실제로 노트를 정리할 때는 훨씬 간결하게 씁니다. 문장을 따라 적을 때는 필사하는 기분도 느껴 가면서 말이지요. 중요한 것은 '무엇을 쓰느냐'가 아니라 '무슨 생각을 하느냐'입니다. 노트를 정리하면서 좋은 질문과 대답을 찾고, 자신을 설득하는 과정이 쌓이면 어떤 책을 읽더라도 추측이 가능해지고 그만큼 노트 시간은 단축될 겁니다.

독서모임 Q&A

제 **4** 부

독서모임을 처음 시작하던 때를 떠올려 봅니다. 당시 '하나의책' 출판사에서는 많은 독서모임이 열리고 있었고, '역사책 읽기 모임'의 리더를 제안받았습니다. 고백하자면 저는 학창 시절에도 한국사를 어려워했습니다. 다른 선택 과목이 있었다면 무조건 그걸 선택할 정도로 말이지요. 독서모임 리더 제안이라니 솔깃하긴 한데, 역사는 자신이 없고, 그렇다고 해서 문학책 읽기를 하자니 저만의 모임 색이 전혀 없었습니다. 겁도 없이 일단 해 보겠다고 했습니다. 그리고 열심히 온라인 서점의 역사 카테고리를 뒤지기 시작했습니다.

수많은 책의 망망대해에서 저는 곧 망연자실했습니다. 뭘 알아야 독서모임에 읽을 책을 고르든지 말든지 할 것 아니겠어요. 역사책 한 권 제대로 읽지 않은 내가 어떤 기준으로 책을 골라야 할지 막막했습니다. 그때부터 추천 도서를 검색하기 시작했습니다. 많은 사람들이 추천한 목록 중 공통으로 언급하는 책을 우선 추렸습니다. 그것들을 하나하나 살펴보면서 '이 책을 왜 추천하였는지, 이 책은 독서모임용으로 적합한지'를 따져 보기 시작했습니다.

내용이 훌륭하더라도 한 달에 한 권을 읽어야 하는 모임 특성상 두꺼운 책은 제외했고, 편협한 시선으로 서술되어 있다면 그것도 곤란했습니다. 어려워도 안 되고, 재미없어도 안 되고, 과거사 기술에만 초점을 맞추는 것도 제외했습니다. 과거의 이야기를 통해 오늘을 제대로 들여다보자는 것이 제 모임의 기조였으니까요. 그렇다고 해서 신간만 읽는 것은 자칫 흥밋거리 위주로 흐를 수 있었습니다.

어찌어찌하여 3권의 책을 선정한 후 모임에서 읽기 괜찮은 책들은 따로 정리해 두고 계속 목록을 업데이트했습니다. 그래야 다음 모임에서 활용할 수 있었으니까요. 여전히 온라인 서점을 둘러보는 일은 저의 빼먹지 않는 일과입니다.

저의 첫 독서모임은 어찌 보면 이미 기획이 되어 있었고, 책만 고르면 되는 수준이었습니다. 모임용 책을 고르는 일은 쉽지 않았지만, 기획을 잘하고 적당한 책을 골랐다고 해서 그 모임을 성공적이었다고 말하기는 힘들었습니다. 모임을 운영하면서 기획과 방식을 계속해서 조금씩 수정하고, 차츰 다양한 모임을 시작했습니다. 수년간 여러 모임을 기획부터 발제까지 맡아 오면서 느꼈던 어려움을 모아, 특히 모임을 처음 운영하는 사람들에게 도움이 될 만한 것들을 소개합니다.

그동안 기획·운영한 독서모임들

• **역사 살롱:** 소설의 배경지식을 더 잘 이해하기 위한 것이 모임 초반의 목표였는데, 나중에는 역사 자체에 집중하고 공부했던 모임. 『아베는 누구인가』를 시작으로 15권의 단행본과 『몽유병자들』, 『축의 시대』 등 6권의 벽돌책을 읽었습니다. 이때 쌓인 역사적 배경과 지정학적 이해가 소설을 읽어 내는 역량을 업그레이드했다고 믿습니다.

• **문학 모임:** 2020년 1월 고전 읽기로 시작했던 문학 모임은 시간을 거듭할수록 작가별 읽기, 주제별 읽기, 시대별 읽기, 나라별 읽기 등으로 세분되었습니다. 범위가 상당히 넓은 만큼 선정한 책의 목록에 따라 모임의 성격이 크게 좌우되기도 하고, 그렇기 때문에 접근이 가장 용이하기도 한 모임입니다.

• **벽돌책 읽기:** 코로나19의 영향으로 온라인 독서모임을 기획했고, 필독서 중 '벽돌책'인 책을 한 권씩 읽는 '도장 깨기'가 만들어졌습니다. 매일 정해진 분량의 글을 함께 읽었고, 저는 해당 부분의 가이드를 제공했습니다. 그리스 고전 『일리아스』, 『오뒷세이아』와 『신곡』, 『돈키호테』, 『카라마조프가의 형제들』을 마지막으로 마무리됐습니다.

• **테마 읽기:** '테마 모임'은 책의 분야와 상관없이 하나의 주제를 중심

으로 관련 책들을 읽는 모임입니다. 큐레이션에 가장 공을 들였고, 큐레이션에 대한 만족도가 높아 모임을 오래 지속할 수 있었습니다. '집', '착각', '공정' 같은 일반적인 테마에서부터 '리터러시', '중독', '민주주의' 같은 시의적절한 테마를 정해 책들을 함께 읽었습니다.

• 『토지』 읽기: 20권의 책을 20개월 동안 천천히 읽어 가며 박경리의 세계에 푹 빠진 모임입니다. 온라인으로 진행한 덕분에 『토지』를 읽겠다고 전국에서 모인 책친구들을 만났고, 무사히 완독할 수 있었습니다. 이와 함께 우리는 관련 전시회를 관람하고, 조만간 하동에서 만나자는 약속을 했습니다.

• 그리스 고전 낭독 모임: 『일리아스』, 『오뒷세이아』를 읽으면서 이 아름다운 서사시를 입으로도 함께 읽고 싶다는 생각에 기획한 모임입니다. 책은 미리 읽지 않고, 모임 당일에 돌아가며 정해진 분량을 낭독합니다. 설명이 필요한 부분은 제가 바로 피드백을 하니 혼자 읽을 때보다 훨씬 기억에 오래 남고 이해가 쉽다는 회원들의 반응을 들었습니다. 『일리아스』를 완독했고, 『오뒷세이아』, 『아이네이스』 등으로 낭독 모임을 이어 갈 예정입니다.

Q1.
독서모임은 어떻게 기획하나요?

A.

먼저 책의 종류를 정확히 정합니다. 경제서를 읽을지, 철학책을 읽을지, 아니면 교양·인문 서적을 골고루 읽을지 등등 영역을 세밀하게 말이지요. 특히 문학의 경우 기준이 구체적일수록 좋았습니다. 단순히 '세계문학 읽기'라는 키워드보다는 '특정 출판사의 시리즈 읽기, 한 작가의 책 골라 읽기, 특정 시대 작품 읽기' 등으로 세분화하였을 때 사람들이 잘 모였습니다.

모임의 세밀화는 모인 사람들이 리더에게 원하는 정보의 질과 양의 수준을 다르게 합니다. 독서모임은 모임에서 원하는 것이 비슷한 사람들끼리 모일 때 대화가 가장 활성화됩니다. 그러니 모임을 원하는 사람들에게 무엇을 읽을 것인지 정확한 의도와 기준을 보여 주는 일은 독서모임 기획·운영에서 가장 먼저 고려할 문제입니다.

무엇을 읽을지를 구체적으로 정했다면 어떤 방식으로 읽을지를 정합니다. 물론 그냥 적당한 책을 골라 읽어도 운영에는 문제가 없겠지만, 이왕이면 읽는 사람들에게 '나의 독서모임은 뭔가 다른 것이 있다'라는 것을 보여 주면 좋겠지요. 혼자 읽을 때도 책을 무작정 읽는 것보다 일정한 순서와 방향을 정해서 읽으면 작품의 흐름 파악에 도움이 되니까요.

- **한 작가 읽기**: 특정 작가의 작품 여러 권을 읽는 방식으로, 작가의 세계관을 깊이 있게 이해하는 데 좋습니다. 작품을 시간순으로 읽으면 그 작가가 일관되게 탐구한 주제나 사상, 문체적 특징 등을 잘 이해할 수 있습니다. 이와 함께 변화와 발전을 관찰할 수 있고요. 하지만 후반부로 갈수록 중복되는 부분이 단조롭게 느껴질 수 있고, 시야가 제한될 수 있으니 독서모임에서는 세 권 정도 읽는 것이 적당해 보입니다.

- **출판사별 세계문학 읽기**: 이미 출판사의 기획 의도가 담긴 목록 중에서 고를 수 있다는 장점이 있습니다. 세계문학 시리즈를 내는 출판사별 목록을 살펴보면 클래식하고 유명한 작품 위주인 목록도 있고, 대중적으로 알려지지 않았어도 문학적 가치가 높은 작품을 주로 다루는 목록도 있습니다. 특정 출판사의 책만 골라 읽는 것은 추천하지 않지만 세계문학 가이드가 필요하거나 신선한 작품을 읽고 싶을 때 출판사의 성향을 고려하면 도움이 됩니다.

- **수상작 읽기:** 검증된 작품들을 접할 수 있다는 장점이 있습니다. 우리나라의 한강 작가가 수상한 노벨문학상 외에도 다양한 문학상이 있습니다. 영어로 작성된 소설을 대상으로 하는 부커상, 프랑스어로 쓰인 소설이 대상인 공쿠르상, 심사 위원이 모두 여성 작가로만 구성된 페미나상, 문학 외 저널리즘 등 폭넓은 분야를 포함하는 퓰리처상이 있습니다. 또한 박경리 문학상이나 톨스토이 문학상, 휴고상 등이 있으니 수상 목록을 참고하여 읽어 보면 어떨까요?

- **직렬식 혹은 병렬식 독서:** '한 작가 읽기'는 대표적인 직렬식 독서입니다. 대상을 깊이 이해할 수 있다는 장점이 있습니다. 반면 병렬식 독서는 한 가지 주제나 테마를 가지고 다양한 장르의 책을 읽는 것입니다. 예를 들어 '소외'라는 주제로 인문학 책, 소설, 에세이 등을 다양하게 살펴보며 읽습니다. 여러 가지 관점으로 주제를 다루기에 균형 있는 시각을 가지기 좋고, 여러 장르를 읽으니 다양한 사람들의 요구를 충족시키는 데에도 좋았습니다. 문학만으로도 병렬식 독서를 할 수 있습니다. 일상의 삶, 학창 생활 등 공통적으로 다루고 있는 테마를 가진 소설들로 구성해 보는 것이지요.

- **꼬리에 꼬리를 무는 독서:** 한 책에서 얻은 주제, 작가, 배경 또는 등장인물의 연결 고리를 따라가며 자연스럽게 다음 책으로 이어지는 독서 방식입니다. 책을 읽다 보면 그 책이 언급하고 있는 혹은 작가가 참고

하고 있는 책이 등장할 때가 있습니다. 그러한 책들을 타고 넘어가다 보면 공통점을 발견할 수 있습니다. 예를 들어 밀란 쿤데라의 『참을 수 없는 존재의 가벼움』 속 주인공 테레자와 토마시의 관계를 발전시키는 데에는 톨스토이의 『안나 카레니나』가 중요한 역할을 합니다. 밀란 쿤데라가 왜 이 책을 언급하고 있는지는 두 권을 다 읽은 독자들끼리만 알 수 있는 비밀이 됩니다.

• **5W1H 원칙을 이용한 독서:** 앞서 소개한 여섯 가지 원칙을 적용해 작품을 만나는 방법입니다.

① Who: 특정 인물 혹은 집단을 주인공으로 하는 작품 읽기

작품 속 인물이 특정 집단을 대표한다고 보아 주인공의 계급이나 신분, 처지 등이 비슷한 작품들을 모아 읽을 수도 있습니다. 흑인 노예가 주인공으로 등장하는 소설을 읽는다든지, 여성 작가가 쓴 작품을 읽는다든지 하는 식으로요. 이렇게 읽으면 모이는 사람의 연령대와 관심사에 좀 더 집중할 수 있습니다. 작품 속 인물을 자신과 동일시하여 읽는 것은 공감을 쉽게 이끌어 활기찬 모임 분위기를 만드는 데에도 도움이 되었습니다.

② When: 시대별 작품 읽기

시대별로 작품을 읽거나 특정 시대의 작품을 골라 읽는 것은 역사적·사회적 맥락을 폭넓게 이해할 수 있다는 점에서 좋은 기획이 됩니다. 1920년대 미국 문학의 흐름을 파악하기 위해 피츠제럴드, 헤밍웨이, 포크너 등의 작품을 읽으면서 재즈시대를 오롯이 느껴 볼 수 있겠지요. 19세기 러시아 문학사의 두 거장 도스토옙스키와 톨스토이의 작품을 비교하며 읽는 것도 재미있습니다. 이렇게 시대별로 작품을 읽으면 문학적 유행이나 스타일, 문학 사조의 변화를 파악할 수 있다는 장점도 있습니다.

③ Where: 국가별 작품 읽기

여행 다니는 것을 좋아하는 사람들에게 추천하는 독서 방식은 국가별 작품 읽기입니다. 책을 읽는 동안 특정 지역의 역사적 배경과 관습, 가치관, 전통 등을 알 수 있어서 마치 그 나라를 여행하는 느낌이 들지요. 잘 알지 못하던 지구촌 곳곳에서 벌어지고 있는 지역적 문제도 파악할 수 있어 호응이 좋은 기획이었습니다. 국가에 대한 호감은 그 나라 출신 작가의 소설을 더 찾아 읽고, 더 나아가 직접 여행을 가는 것으로 확장할 수 있습니다.

④ What: 특정 사건을 공통으로 다루는 작품 읽기

세계문학의 상당수는 아마도 전쟁과 전쟁이 가져온 불행에 관한 이야기가 아닐까 생각합니다. 이렇게 파급력이 큰 사건들을 공통으로 다루는 작품을 골라 읽는 것도 의미 있는 방법입니다. 커트 보니것의 『제

5도살장』과 실비 제르맹의 『마그누스』는 모두 '대규모 공습'을 소재로 하고 있습니다. 보니것은 실제 참전한 군인을 주인공으로 하여 장면을 다소 코믹하게 그렸지만, 전쟁으로 인한 주인공의 충격을 상상하면 그 이야기는 블랙 코미디가 되고 맙니다. 한편 제르맹은 전쟁 속에 부모와 기억을 잃은 아이의 시선으로 전쟁 이후의 삶을 비극적으로 그리지요. 이렇게 특정 사건을 바라보는 시선이 다른 작품을 비교하여 읽는 것은 사건을 다양한 각도로 살펴 한층 더 깊이 있게 생각하게 합니다.

⑤ How: 비슷한 구조를 가진 작품 읽기

이 읽기 방식은 독서노트가 쌓였을 때 사용하면 좋습니다. 독서노트에서 사용한 구조가 같은 소설끼리 읽는 방식인데요. 예를 들어 두 가지 이상의 사건이 비슷한 양상을 보이며 진행되는 '평행형 구조'라든지, 이야기의 결말이 제자리로 되돌아오는 '원형 구조' 등 같은 구조를 가진 작품들을 묶어 읽습니다. 이러한 작품 예시는 96~99페이지에 있으니 참고해 주세요. 비슷한 구조의 작품들을 읽으면 소설을 구조화하여 다른 소설을 읽을 때도 참고할 수 있다는 장점이 있습니다.

⑥ Why: 비슷한 주제를 가진 작품 읽기

특정 주제에 대한 깊이 있는 탐구와 다양한 관점을 제공한다는 점에서 좋은 방식입니다. 같은 주제더라도 작가가 주제를 바라보는 관점이나 시대적·문화적 맥락에 따른 차이를 보이기 때문에 비교하는 재미가 있습니다. '디스토피아와 전체주의, 여성 문학, 퀴어 문학 등 소수자의 삶과 억압, 현대인들의 고독과 소외' 등은 소설이 다루는 인기 많은 주제입니다. 관심 있는 주제로 여러분만의 의미 있는 목록을 만들어 보세요.

다양한 방식으로 독서모임을 기획하다 보면 생각보다 시간과 노력이 많이 든다는 것을 알 수 있습니다. 아이디어가 샘솟는 사람이 아니라면 이러한 작업이 큰 부담으로 느껴질 수도 있습니다. 기껏 만들어 놓은 기획이 반응이 좋지 않으면 실망스럽기도 하고요. 하지만 개인적으로 독서력이 한 단계 성장했다고 느꼈을 때는 독서모임 리더로서 이런 고민을 하기 시작하면서부터입니다. 혼자 책을 읽더라도 자유롭게 읽는 것과 방향을 가지고 읽는 것은 굉장히 다른 결과물을 가져올 수 있답니다.

Q2.

독서모임에서는 어떤 책을 선정해야 할까요?

A.

이에 대답하기 위해서는 먼저 '좋은 책'이란 무엇인지 생각해 봐야 겠습니다. 과연 어떤 책을 좋다고 할 수 있을까요? 그 기준은 다양하겠지만 독서모임을 진행하면서 느낀 저만의 기준은 '좋은 책은 마음을 불편하게 만든다'라는 것입니다. 어떤 책은 읽으면서 마음이 자꾸 불편하고 찜찜해질 때가 있어요. 같이 읽는 사람들에게 물어보면 동일한 대목에서 모두가 불편하다고 느낄 때도 있었고, 저 혼자만 마음에 안 들기도 했습니다. '무엇이 도대체 마음을 이렇게 불편하게 만드는 걸까?'라는 질문을 꽤 오랫동안 가지고 있었습니다.

모임을 해야 하니 어쨌든 책은 읽어야 했고, 그래서 저는 불편한 마음을 직시하며 끝까지 읽어 보았습니다. 그러다 알게 되었습니다. 불편한 마음은 책 속의 상황이 나의 기준과 상식에 어긋날 때 주로 일어난다는 것을요. 그리고 그보다 더 중요한 한 가지, 바로 나의 '불편한 기억'을 떠올리게 될 경우였습니다.

소설 속 세계에는 도덕적으로 올바르지 않다고 생각되는 일들이 자주 일어납니다. 이야기는 오히려 질서가 와해된 곳에서 태어나는 것처럼 보이지요. 소설은 소위 '불편한 진실들'로 가득 차 있습니다. 필연적으로 복잡한 질문과 아이러니, 의심이 수반되기 때문에 차라리 눈을 감아 버리고 싶은 것들입니다.

저에게는 도스토옙스키의 인물들이 특히 그러했습니다. 인물의 역설적이고 비합리적인 행동은 제 기준으로는 무엇으로도 설명이 안 되었습니다. 저에게는 일정 수준의 도덕적 잣대가 존재했고, 나도 모르게 소설 속 인물들에게 그 잣대를 들이대고 있었습니다. 하지만 이러한 기준으로 소설 속 인물을 바라보니 솔직한 논의가 이뤄지기 어려웠습니다.

현실 세계에는 선과 악이 늘 공존하고, 갈등과 모순이 들끓고, 그 속에서 인간은 욕망을 좇을지, 선의를 좇을지 늘 선택의 기로에 섭니다. 그런데 올바름의 기준으로 해석하려니 인물 이해가 부족할 수밖에 없었던 겁니다. 도스토옙스키나 밀란 쿤데라처럼 인간 본성에 대한 질문과 답을 구하는 작품들을 반복해 읽으면서 저는 세상과 사람을 바라보는 시선을 다시 생각할 수 있었고, 불편한 마음을 조금씩 해소해 갔습니다.

하지만 '불편한 진실들'을 어느 정도 해소했다 하더라도 '불편한 기억'을 떠올리는 것을 막지는 못합니다. 아니 불편한 기억들은 떠오르는 것조차 때로 거부했지요. 그래서 생각해 보니 특정 대목이 혼자 불편할 때는 반드시 나의 기억과 연관이 되어 있었습니다.

얀 마텔의 『파이 이야기』를 읽고 이야기를 나누던 일이 생각납니다. 발제문으로 신념에 대한 질문이 있었고, 우리의 이야기는 살아남은 파이와 동물들에게 집중되었습니다. '때에 따라서 신념을 버릴 수도 있다'라는 의견과 '신념은 버릴 수 있는 것이 아니다'라는 의견이 대립했습니다. 저는 신념은 버리는 것이 아니며, 상황에 따라서 삶의 태도를 바꿀 수 있을 뿐이라고 보는 쪽이었지요. 또한, 그것을 가장 잘 보여 주는 것이 어미 오랑우탄인 오렌지주스라고 생각했고요. 하지만 저 말고 아무도 오렌지주스에게 관심을 두는 사람은 없었습니다. 다들 벵골호랑이와 하이에나, 얼룩말의 관계나 파이를 신경 쓸 때 제 관심은 온통 오렌지주스에게 쏠렸습니다. 그가 하이에나의 머리통을 후려쳤어야 하는 이유는 무엇이었을까. 생존이 위태한 상황에서 모두가 살기 위해 서열을 눈치 보고 있을 때, 그는 왜 그런 위험한 짓을 해야 했을까. 그는 딱 한 번 화를 냈고, 빠르게 사라지고 말았습니다.

오렌지주스와 아무도 알아주지 않은 그의 신념에 대해 불편한 마음을 잔뜩 안고 집에 돌아와 보니 아이가 잠을 자지 않고 엄마를 기다리고 있었습니다. 아! 아이를 안아 주는 그 순간 저는 떠올렸습니다. 아주 오래전 나를 위해 용감히 싸우던 오렌지주스의 기억을요. 그 일 때문에 엄마에게 속상한 일이 있었고, 저는 그에 대한 죄책감과 고마운 마음을 모두 가지고 있었던 것입니다. 그래서 결심했습니다. 이제 내가 기꺼이 아이의 오렌지주스가 되겠다고 말입니다.

이렇게 마음을 불편하게 하는 책들은 독자로 하여금 작품과 자기 내면을 깊숙이 들여다보게 합니다. 그 사실을 깨달은 후 불편한 마음을 두려워하지 않게 되었습니다. 불편한 책이 주는 '나를 이해하고 타인과 세계를 이해'하는 기회. 좋은 책이 주는 의미란 바로 이런 것이겠지요.

하지만 문제는 책을 다 읽고 나서야 이 책이 좋은지 아닌지 알 수 있다는 것이지요. 리더가 그 책을 읽었다면 문제없지만, 읽지 않은 책을 선정할 때는 어떻게 하면 좋을까요? 또 어떤 책을 선정해야 사람들이 더 잘 모일까요? 일단 어디선가 들어 본 책 제목이 유리하겠지요. 남들이 많이 읽었다는 책이나 읽은 사람들은 별로 없지만 유명한 책들 말입니다. 그중에서 저는 베스트셀러보다 스테디셀러를 선호합니다. 베스트셀러에는 아무래도 신간이 많은데, 책의 평가는 시간이 누적되어 많은 사람들에게 읽혀야 더 정확해진다고 생각하거든요.

이와 함께 나의 기획 의도에 부합하는지를 살펴보기 위해서 출판사의 소개 글을 꼼꼼히 읽습니다. 한 가지를 덧붙이자면 소수자를 배려하고, 정치적으로 편협하지 않은 책을 선택하기 위해 노력합니다.

아래에 실제로 모임을 진행했을 때 반응이 좋았던 도서를 소개하니 참고해 주세요.

Tip   모임에서 반응이 좋았던 책

『남아 있는 나날』(가즈오 이시구로)
양대에 걸쳐 영국의 대저택과 주인을 모시는 집사 스티븐스의 이야기. 소재 자체의 고풍스러움과 집사의 헌신적 태도가 쉽게 사람들의 호감을 산다. 그러나 신사적 태도의 멋진 겉모습에만 집중하지 않도록 유의할 것! 화자가 말하지 않는 것에 대해 적극적으로 이야기를 나눈다면 한층 더 재미있는 모임이 될 수 있다.

『다섯째 아이』(도리스 레싱)
이제 막 육아를 시작한 초보 부모들에게 가장 분분한 의견을 남긴 문제의 작품. 자식과 자신과의 관계에 대한 고찰은 부모와 자신과의 관계에 대한 고찰로 이어지게 마련이다. 솔직함을 이겨 낼 수 있다면 그 어떤 심리 상담 시간보다 힐링이 되고 도움이 될 것이다.

『시녀 이야기』(마거릿 애트우드)
여성 모임에서 읽었던 이 책은 특히 2030 여성들에게 최고의 반응을 얻었다. 디스토피아를 배경으로 펼쳐지는 이야기 속에서 성과 권력의 상관관계를 다루고 있기에 자칫 우울할 수 있다. 하지만 마거릿 애트우드의 섬세한 문장과 여성들의 연대와 우정이 돋보이는 작품이다. 이 책으로 모임을 할 때는 시간을 넉넉히 잡기를 추천한다.

『예감은 틀리지 않는다』(줄리언 반스)
전혀 매력적이지 않은 주인공이 등장하는 이 책의 매력은 독자가 잊고 싶었던 개개인의 역사를 찬찬히 되돌아보게 한다는 점에 있다. 과거의 수많은 실수가 지금까지 발목을 잡거나, 나도 모르게 던진 말이 누군가에게 평생 상처가 된 기억을 떠올려 보자. 사실과 기억이 얼마나 다른지, 동일 사건을 두고 나와 상대의 기억이 얼마나 다른지 이야기를 나누다 보면 주인공을 저절로 용서하게 될 것이다.

『자기 앞의 생』 (에밀 아자르)

성공적인 독서모임을 보장하는 책. 책을 선정하는 데 어려움을 겪고 있다면 이런 종류의 책을 추천한다. 가난하지만 마음만은 따뜻한 사람들과 천진하고 영특한 아이의 이야기를 싫어할 사람들은 거의 없다. 로자 아줌마와 꼬마 모모를 중심으로 펼쳐지는 이웃의 다양한 이야기는 슬픔을 웃음으로 체화시키며 살아가는 사람들과 진정한 가족의 의미를 되새기게 한다.

『작별하지 않는다』 (한강)

한국인이라면 반드시 읽어야 할 책. 다른 말이 필요 없다. 이 책에 등장하는 제주 4·3사건과 5·18 광주민주화운동에 대해 발제자가 정보를 간략히 제공하면 원만한 진행에 도움이 된다.

『책 읽어주는 남자』 (베른하르트 슐링크)

도발적 소재와 '이전 세대의 과오'에 대한 상당히 철학적인 내용을 담고 있는 작품. 한나와 마이클이 각각 어떤 집단을 대표하는지, 마이클의 생각이나 행동이 동년배와 어떻게 다르고, 왜 다른지 등 발제자가 의도하지 않더라도 자연스럽게 깊은 이야기를 나눌 수 있다. 동명의 영화와 함께 본다면 대화가 더욱 풍부해진다.

『파이 이야기』(얀 마텔)

나의 인생책이자 많은 사람이 인생책으로 꼽는 책. 벵골호랑이를 포함한 동물들과 함께 구명보트를 타고 망망대해를 누비며 구조되길 기다리는 파이의 이야기는 실로 기적적이며 그래서 믿기 어렵다. 무엇이 사실인가? 우리는 무엇을 믿을 것인가? 그 이야기는 나에게 어떤 의미가 있고, 신의 믿음과 어떤 관계가 있는가? 무엇에 초점을 두느냐에 따라 무궁무진한 질문이 쏟아지는 작품이다.

『프랑켄슈타인』(메리 셸리)

세상 사람들이 가장 오해하는 소설. '프랑켄슈타인'이라는 박사의 이름을 괴물로 알고 있는 사람들이여, 반드시 이 책을 읽어 보시길. 집필 연도(1818년)와 작가의 나이(19세)를 확인하는 순간 이렇게 말하게 될 것이다. 메리 셸리가 천재가 아니라면 도대체 뭐란 말인가. 괴물에 대하여, 이 시대의 AI에 대하여, 그리고 메리의 삶에 대하여 이야기를 나누다 보면 두 시간이 순식간에 지나간다.

Q3.

발제는 어떻게 하나요?

A.

'모여서 무슨 이야기를 나눌까?'라는 고민은 독서모임의 성공 여부를 가늠할 수 있는 중요한 문제입니다. 서로 알지 못하는 다양한 사람들이 모여 한 권의 책에 대한 공통된 경험을 나누는 일은 생각보다 어렵지만, 대단히 뿌듯한 일이기도 하지요. 리더로서 가장 기분이 좋았을 때는 '읽은 책이 그다지 인상 깊지 않았는데, 막상 함께 이야기를 나눠 보니 책이 다시 보인다'는 이야기를 들었을 때였거든요. 혼자 읽을 때는 알 수 없었던 다양한 해석들을 나누다 보면 책에 대한 호감도가 달라질 텐데요. 이렇게 다양한 이야기를 끄집어낼 수 있는 것이 좋은 발제문과 리더의 역할일 것입니다.

처음부터 무턱대고 이야기를 하라면 누구든 입을 열기가 어렵습니다. 저는 간단한 인사와 안부를 나눈 뒤 작품에서 알아 두면 좋을 것들에 대한 간략한 요약으로 시작합니다. 리더가 말하는 동안 긴장도 풀고, 마음의 준비도 하라고 말이지요. 책을 선정한 이유나 작가의 소개, 작품이 출간될 때의 사회적 분위기나 사건 같은 사전 정보들을 알려 주는 정도의 수고는 리더가 맡아야 할 몫이라고 생각합니다. 중간중간 긴 발언을 정리해 주기도 하고, 대화가 끊기는 시점을 자신의 의견으로 채우기도 하는 것 역시 리더의 역할입니다. 모임을 마무리할 때는 더 생각해 볼 문제나 더 읽어 볼 책을 제시하는 것으로 정리하면 좋겠지요.

저는 틀에 박힌 발제문을 좋아하지 않아서 오는 분들을 당황스럽게 만드는 질문들을 꽤 하고 있습니다. 모임에 처음 오는 경우 나름대로 예상 질문과 답안을 준비하는 분들도 있는데, 생각하지 못한 질문에 답변하기 힘들어하더라고요. 그래서 보통 일반적인 질문으로 이야기를 나누기 시작해서 차츰 깊이 있는 질문으로 이어 갑니다.

이와 함께 이야기를 들으면서 상대방의 발언을 계속해서 끄집어내는 것도 중요하게 생각합니다. 예를 들어 "여러분은 이 책을 어떻게 읽으셨나요?"라고 질문하였을 때 어떤 사람들은 편안하게 이야기를 하지만, 어떤 사람들은 "좋았어요, 나빴어요, 지루했어요." 등 단답식으로 대답하거든요. 그럴 때면 "특히 어느 장면에서 그런 느낌을 받으셨나요?" 혹은 "그 인물의 어느 점이 마음에 들지 않았나요?" 하고 되물으며 좀 더 구체적인 대답을 이끌었습니다.

끝으로 발제문을 만들 때 지키려고 노력하는 세 가지 사항을 소개합니다.

- 너무 포괄적이거나 너무 구체적인 질문은 피할 것
- 리더가 아닌 참여자의 관심사를 고려할 것
- 텍스트 내부에서 외부 세계(삶)로 확장할 것

너무 포괄적인 질문은 대화 자체를 두리뭉실하게 만들어 버립니다. 상황을 꿰뚫는 예리한 말이 오가는 것이 아니라 당연한 이야기들만 주고받게 되지요. 그러다 보면 모임의 매력도가 떨어집니다. 반대로 너무 구체적인 질문 즉, 답을 확실히 내릴 수 있는 질문은 대화를 확장하지 못하고 단절합니다. 빠르게 다음 발제문으로 넘어가야 하는 상황이 오게 됩니다.

또한, 리더로서 책을 집중해서 보면 하고 싶은 말이 많아질 거예요. 하고 싶은 이야기를 떠올리며 발제를 했는데 원하는 답변이 나오지 않거나, 의도하지 않은 방향으로 대화가 흐를 수도 있습니다. 처음에는 이런 경우 마음이 다급해졌습니다. 그래서 제가 발언을 많이 하거나, 상대의 말을 내 방식으로 해석하며 의도대로 진행하려고 애를 썼습니다. 하지만 이런 경우 참여자에게는 불만이 생길 수밖에 없겠지요.

발제문을 만들 때는 반드시 참여자의 입장에서 생각해야 합니다. 특히 참여자의 성별, 연령, 직업, 정치 성향 등을 고려하지 않고 만든 질문은 의도하지 않은 차별적 발언으로 이어질 수도 있습니다. 리더의 역할은 대화를 좌지우지하는 것이 아니라, 대화가 마음껏 펼쳐질 수 있도록 돕는 것이라는 점을 기억하면 됩니다.

끝으로 발제문이 책 내부를 묻는 것에서 끝나지 않기를 바랍니다. 실제로 기억에 남는 질문은 책의 메시지가 우리의 삶과 어떤 연관이 있는지를 상상할 때였거든요. '책 속의 세계에서 펼쳐지는 일이 지금의 현실 세계와 얼마나 닮았는가? 바뀌었다면 어떻게, 얼마나 바뀌었는가? 바뀌지 않았다면 우리는 무엇을 더 노력해야 하는가?' 같은 질문을 함으로써 책과 우리의 삶을 끈끈하게 연결해 보기 바랍니다.

Q4.
진행할 때 주의해야 할 점은 무엇인가요?

A.

부끄럽지만 제가 독서모임을 처음 할 때 저지른 실수를 고백합니다. 모임을 시작한 지 얼마 안 되어 그야말로 열정이 앞서던 그 시절, 제가 열심히 준비한 만큼 오신 분들도 열심히 준비해 오길 바랐습니다. 그래서 책을 완독하지 않고 참여한 분을 이해하지 못하고, "반드시 완독을 해 와라, 그러지 않으면 이 자리가 재미가 없을 것이다."라는 오만한 발언을 하기도 했습니다.

지금 생각해 보면 정말 말도 안 되는 실수였고, 아직까지도 그때 일을 떠올리며 반성합니다. 격무에 시달리면서 집안 살림에, 육아까지 하다 보니 알겠더라고요. 그 소중한 시간을 쪼개 책을 읽고, 비록 다 읽지 못해도 다른 사람들의 이야기를 들으려 그곳까지 찾아오는 사람들의 마음을요. 그것은 모임을 지키기 위해서였겠지만, 그보다 자기 자신과의 약속을 깨지 않으려는 의지였을 것입니다. 그래서 지금은 "완독을 못 해도 좋다, 책을 읽고 이야기를 나누려는 그 의지가 대단한 것이다."라고 사람들을 격려합니다. 특히 어린아이를 둔 엄마들이나 해외나 지방에 살아 참여가 어려운 분들의 마음이 많이 와닿더라고요. 코로나가 끝났어도 온라인 독서모임을 계속해서 유지하고 있는 이유이기도 합니다.

너무나 당연한 얘기지만 반복해서 말해도 모자란 점은 서로 존중하는 태도입니다. 책을 좋아하는 사람들이 모여서 그런지 독서모임에서 만난 사람들은 상대적으로 타인에 대한 이해도가 높다고 생각합니다. 모임을 하면서 조심하고 배려하는 태도를 수년간 봐 왔습니다. 하지만 신나게 자기 이야기를 하다 보면 본인도 모르게 상대를 고려하지 못할 때가 종종 있습니다. 리더는 이런 상황을 막기 위해서 중립적인 태도를 유지하고, 적절한 시간 분배 등을 통해서 발언을 정리해야 합니다.

저는 아직도 팔짱 낀 사람들을 보면 저절로 마음이 움츠러들곤 합니다. '어디 한번 얼마나 잘하는지 보자'라고 말하는 것 같거든요. 리더나 참여자 모두 독서모임을 하는 동안에는 팔짱을 풀고, 몸과 마음의 경계를 느슨히 하고, 무엇이든지 들어 보겠다는 마음가짐을 갖는다면 그 모임은 성공할 수밖에 없을 겁니다.

나오는 글

맥락도 없이 그런 생각이 찾아든 날은 여느 때와 다를 게 없는 하루였습니다. '아! 내가 지금 인생의 한복판에 서 있구나! 나는 지금 인생의 터닝 포인트에 있으며 오늘을 기점으로 늙어 갈 것이고, 조금씩 후퇴하면서 끝을 향해 밀려갈 것이다.' 세수하던 얼굴에서 뚝뚝 떨어지는 물방울들이 수면 위에 작은 동심원을 그리며 커지다가 마침내 사라지는 모습을 오랫동안 지켜보았던 기억이 지금도 생생합니다.

불과 얼마 전까지만 해도 행복하냐는 누군가의 질문에, "요즘처럼 별일 없는 시절이 없는데, 이런 것도 행복이라 부를 수 있을까요?"라고 묻던 저였지요. 그러나 그날 이후로 그 생각은 떠나기는커녕 점점 더 집요하게 머릿속을 파고들었습니다. 앞으로의 인생에 좋은 일과 나쁜 일 중 무엇이 더 많이 남을까요.

시간이 흘러 주위의 사랑하는 사람들이 하나둘 떠나가기 시작할 것이고, 그로 인해 상당히 아프고 고통스럽겠으나 그 감정이 희미해질 무렵이면 여지없이 또 다른 고통이 찾아오겠지요. 이 정도면 살면서 하고 싶은 일은 제법 다 하고 살았다는 생각이 들어 다음 날 아침 햇살이 그리 기껍지만은 않았던 시절이었습니다.

 단테는 서른다섯의 나이에 고향에서 추방되어 죽을 때까지 돌아오지 못했습니다. 피렌체의 최고위원으로 재직하며 인생의 절정기를 보낸 지 불과 오 년여 만의 일이었습니다. 이제껏 쌓아 온 모든 것들을 고향에 남겨 둔 채 십구 년간 떠돌던 방랑길에서 그는 인생을 원망하고 숙적들을 저주했습니다.
 다시 돌아갈 그날만을 기다리며 칼 대신 펜으로 꾹꾹 『신곡』의 첫 문장을 썼지요. 끔찍한 지옥의 불구덩이를 그리고, 마땅히 벌을 받아야 할 자들을 가차 없이 밀어 넣었습니다. 그러나 어느 순간 그도 깨달았을까요? 앞으로 행복할 날보다 불행할 날들이 더 많이 남아 있다는 것을요.

> 우리 인생길의 한중간에서
> 나는 어두운 숲속에 있었으니
> 올바른 길을 잃어버렸기 때문이다.[1]
>
> 〈신곡 – 지옥편〉

인생의 한복판에서 그렇게 그를 만났습니다. 올바른 길을 잃고 영원히 빛날 줄 알았던 별들이 빛을 잃었을 때, 컴컴한 숲속을 헤매다 동물 울음소리에 숨죽이던 단테는 곧 저였지요. 그에게는 원망할 대상이라도 있었지만, 저에게는 그런 것조차 없었습니다. 하지만 어둠은 때로 많은 것을 말해 주기도 합니다. 밝을 때는 쉽게 보이지 않는 것들. 어둠은 밖으로 향하던 시선을 나 자신에게 돌리게 했고, 내밀하게 들여다본 나의 마음은 생각했던 것보다 훨씬 더 불안하고 불행하다는 걸 알게 되었습니다.

『신곡』의 이 문장을 주목한 많은 사람 중에 롤랑 바르트가 있습니다. 인생의 중반을 훌쩍 넘은 노년의 작가가 어머니를 떠나보내고 살아야 할 이유를 의심하며 살던 즈음이었지요. 그는 『신곡』을 다시 읽으며 '시간의 유한성'을 생각했습니다. 삶을 하나의 긴 연장선이라고 가정할 때, 인생의 '중간'에 선 사람은 자연스럽게 그 '끝'을 바라볼 수밖에 없다는 것을 깨달았지요.

일상이 계속될 것이라는 착각이 부서지면 필연적으로 낙담과 불행, 무기력이 찾아올 것입니다. 그러나 끝이 있음을 자각한 사람은 이제 남은 시간을 헤아리며 살아야 하기에 어제와 오늘이 같을 수 없습니다. 그들은 이제 선택해야 합니다. 부동不動, 움직이지 않는 삶. 매일 살던 대로 살며 죽음 속에 산 채로 뚜벅뚜벅 들어갈 것인가, 아니면 단조로움과 결별하고 '새로운 삶 vita nova'을 향해 앞으로 나아갈 것인가?

나의 막돼먹은 생각과 정처 모를 불안에 다 이유가 있다는 바르트의 말은 실로 큰 위로가 되었습니다. 저는 그저 인생의 중간에 섰고 그 끝을 바라보게 된 것뿐이었지요. 이제 선택을 해야 할 때입니다. 그동안 살아온 것처럼 가라앉지 않기 위해 제자리에서 미친 듯이 발장구만 칠 것인가, 아니면 그곳이 어디든 앞으로 나아갈 것인가?

그래서 『신곡』 매일 함께 읽기' 독서모임을 시작했습니다. 동행할 사람들을 모으고, 매일 읽을 분량의 가이드를 제공하기 위해 참고 문헌을 읽고 강의를 들었습니다. 리더로서의 역할은 매일 아침 읽을 분량을 정해 주고, 그에 대한 게시글을 올리고, 댓글에 답을 달면서 완독까지 지치지 않도록 힘을 북돋아 주는 것이 다였습니다. 그동안의 독서 방식으로나 모임의 성격으로나 완전히 다른 방식이었습니다.

매일 어려운 책들과 고군분투하던 어느 날 당신이 꼭 베르길리우스 같다는 댓글을 보고 나서야 알았습니다. 어느새 제가 그들의 손을 잡고 어두운 숲속을 통과하여 샛별을 맞이하는 중이라는 것을요. 내가 그들의 길잡이가 되기를 자처한 줄 알았으나, 사실은 손잡아 줄 누군가를 하염없이 기다렸던 것입니다. 이것이 저의 '새로운 삶'의 출발점입니다.

누군가는 미디어와 AI의 홍수 속에서 '책 읽는 뇌'의 변화를 걱정하고, 누군가는 독서를 하나의 기호와 트렌드로 인식하는 오늘날입니다. 독서 역시 일종의 전환점에 서 있는 것처럼 보이는 요즘 제가 감히 독서에 관해서 무슨 말을 할 수 있을까요. 다만 경험으로 터득한 것이기에 이것만은 확실하게 힘주어 말할 수 있을 것 같습니다.

"책을 읽는다는 것은 내 안의 나와 만나는 일이고, 독서모임을 한다는 것은 나를 세상 밖으로 꺼내 주는 일이다."

그래서 작은 바람이 있다면 동네마다, 아파트 단지마다, 늘 가까운 곳에 작은 독서모임이 하나씩 있기를. 어두운 숲속에서 길을 잃은 사람들에게 기꺼이 손 내밀어 주기를. 그러기 위해서 기꺼이 독서모임 리더가 되고자 하는 사람들이 많아지고, 용기를 내 모임에 참여하려는 사람들이 많아지기를 바랍니다.

모임에 참여하기 위해 일단 책을 읽어야 할 것이고, 이왕 읽는 거 좋은 책을 제대로 읽고 싶어질 테고요. 이런 과정들이 '책 읽는 뇌'를 안전하게 하고, 독서가 힙한 기호와 취미가 될 수 있게 할 것입니다.

앞으로 책과 독서는 제자리걸음을 하게 될까요, 아니면 새로운 방향으로 나아가게 될까요? 만약 그렇다면 그 모습은 과연 어떠할까요? 왠지 두근거리게 되는 마음으로 저는 이제 새로운 길 위에서 더 많은 책 친구들을 기다리려 합니다.

인용 도서 목록

1부

1 헤르만 헤세, 『데미안』, 안인희 옮김, 문학동네, 2013, 110페이지.
2 같은 책, 132페이지.
3 같은 책, 195페이지.
4 베른하르트 슐링크, 『책 읽어주는 남자』, 김재혁 옮김, 시공사, 2013, 216페이지.
5 참고 도서: 조지프 캠벨, 『천의 얼굴을 가진 영웅』, 이윤기 옮김, 민음사, 2018.

2부

1 수전 손택, 『타인의 고통』, 이재원 옮김, 이후, 2004, 172페이지.

3부

1 프랑수아즈 사강, 『브람스를 좋아하세요...』, 김남주 옮김, 민음사, 2008, 43페이지.
2 같은 책, 57페이지.
3 커트 보니것, 『제5도살장』, 정영목 옮김, 문학동네, 2016, 37페이지.
4 같은 책, 137페이지.
5 같은 책, 238페이지.
6 이스마일 카다레, 『부서진 사월』, 유정희 옮김, 문학동네, 2022, 57페이지.
7 같은 책, 227페이지.
8 이민진, 『파친코 2』, 신승미 옮김, 인플루엔셜, 2022, 231페이지.
9 같은 책, 267페이지.
10 같은 책, 269페이지.
11 클레어 키건, 『맡겨진 소녀』, 허진 옮김, 다산책방, 2023, 70페이지.
12 같은 책, 27페이지.
13 같은 책, 73페이지.
14 아베 코보, 『모래의 여자』, 김난주 옮김, 민음사, 2001, 156페이지.

15 같은 책, 87페이지.
16 같은 책, 223~224페이지.
17 프랜시스 스콧 피츠제럴드, 『위대한 개츠비』, 김영하 옮김, 문학동네, 2009, 13페이지.
18 같은 책, 125페이지.
19 같은 책, 141페이지.
20 같은 책, 225페이지.
21 같은 책, 188~189페이지.
22 같은 책, 11페이지.
23 서머싯 몸, 『달과 6펜스』, 송무 옮김, 민음사, 2000, 223페이지.
24 같은 책, 293페이지.
25 같은 책, 307페이지.
26 라우라 에스키벨, 『달콤 쌉싸름한 초콜릿』, 권미선 옮김, 민음사, 2004, 서문.
27 같은 책, 258페이지.
28 마르그리트 뒤라스, 『태평양을 막는 제방』, 윤진 옮김, 민음사, 2021, 145페이지.
29 같은 책, 284페이지.
30 같은 책, 370페이지.

나오는 글
1 단테 알리기에리, 『신곡』, 김운찬 옮김, 열린책들, 2022, 11페이지.

독서노트 만들기

부록

독서노트
다운받기

제목	작가
	출판연도

배경 / 인물 / 사건

Q&A

도식화

기억할 문장 / 참고 사항 등

제목	작가
	출판연도

배경 / 인물 / 사건

Q&A

도식화

기억할 문장 / 참고 사항 등

제목	작가
	출판연도

배경 / 인물 / 사건

Q&A

도식화

기억할 문장 / 참고 사항 등

제목	작가
	출판연도

배경 / 인물 / 사건

Q&A

도식화

기억할 문장 / 참고 사항 등

제목	작가
	출판연도

배경 / 인물 / 사건

Q&A

도식화

기억할 문장 / 참고 사항 등

제목	작가
	출판연도

배경 / 인물 / 사건

Q&A

도식화

기억할 문장 / 참고 사항 등

제목	작가
	출판연도

배경 / 인물 / 사건

Q&A

도식화

기억할 문장 / 참고 사항 등

제목	작가
	출판연도

배경 / 인물 / 사건

Q&A

도식화

기억할 문장 / 참고 사항 등

제목	작가
	출판연도

배경 / 인물 / 사건

Q&A

도식화

기억할 문장 / 참고 사항 등

제목	작가
	출판연도

배경 / 인물 / 사건

Q&A

도식화

기억할 문장 / 참고 사항 등

제목	작가
	출판연도

배경 / 인물 / 사건

Q&A

도식화

기억할 문장 / 참고 사항 등